# 木言白语

## 成长是篇大文章

柏源 著　　柏源妈妈 点评

北京交通大学出版社
·北京·

**图书在版编目（CIP）数据**

木言白语 ：成长是篇大文章 / 柏源著 ；柏源妈妈点评. —北京：北京交通大学出版社，2020.6

ISBN 978-7-5121-4235-0

Ⅰ. ① 木… Ⅱ. ① 柏… ② 柏… Ⅲ. ① 作文-小学-选集 Ⅳ. ① H194.4

中国版本图书馆 CIP 数据核字（2020）第 107691 号

木言白语——成长是篇大文章
MU YAN BAI YU——CHENGZHANG SHI PIAN DA WENZHANG

责任编辑：张娟娟

出版发行：北京交通大学出版社　电话：010-51686414　http://www.bjtup.com.cn

地　　址：北京市海淀区高梁桥斜街 44 号　邮编：100044

印 刷 者：艺堂印刷（天津）有限公司

经　　销：全国新华书店

开　　本：145 mm×210 mm　印张：5.375　字数：106 千字

版 印 次：2020 年 6 月第 1 版　2020 年 6 月第 1 次印刷

定　　价：38.00 元

本书如有质量问题，请向北京交通大学出版社质监组反映。

投诉电话：010-51686043，51686008；　E-mail：press@bjtu.edu.cn。

　　成长，是一个永恒的话题。

　　孩子在成长的过程中认知世界，也认知自我，不断挑战和释放自己的潜能，为使这个世界变得更加美好而积蓄力量。

　　孩子是自身成长的第一责任人，因为内因是事物发展变化的根本。然而，家庭教育是必不可少的外因，是孩子成长的外在环境和催化剂。孩子的成长是知恩图报的，就像培育一棵小树苗，你越用心，它便越能让你惊喜；你越置之不理，它便越慢慢悠悠地不着急。孩子的成长离不开家长的陪伴，需要家长去点燃孩子心中自信的火焰，让孩子看到那遥远的星辰大海和终将到达的彼岸，并肩负起一代代人对家国沉甸甸的责任和使命。

　　成长，不只是孩子的专利，也属于家长。如何做好父母，是一门学问，而这门学问的现实版教科书正是孩子的成长变化。如果说父母是孩子的第一任老师，那么孩子也可以算得上是"为人父母"这一课的重量级"老师"！我们在陪伴孩子成长的过程中不断地回望与思考，这不仅仅是对家庭教育的反思，也让我们以孩子的成长为镜，更加理解和珍惜我们的父辈、师长曾经给予我们的爱的教育，努力成为更好的自己。

　　和天下的父母一样，总希望用一种特别的方式记录孩子的成长。

　　直到有一天，整理柏源小学阶段的作文本，看着一篇篇稚嫩的文字，不知从何时起就充满了童年的思考，不知从何时起就承载了情感的释放和思想的表达，不知从何时起就蕴藏着对社会与人性的认识和感知……我的脑海中忽然就冒出两个字——成长。

成长是篇大文章。

这篇文章，孩子是主角，父母是配角，缺一不可；

这篇文章，孩子是主笔，父母是批注，相辅相成。

《木言白语》，小学阶段的成长纪念册，既是柏源的，也是我们的。

在网络自媒体高度发达的今天，我们仍然选择了纸质媒体作为载体，是希望能够通过出版、发行这样的仪式感，记录我们对成长的敬意。这本小书无意作为任何成长的指南和范例，如果有幸能引发大家关于家庭教育的一些思考，那将是我们最大的满足。

在此，我们由衷地感谢为这本书创作了手绘封面的艺术家钰敏，以及为本书的出版做了大量细致工作的娟娟编辑。

在此，我们由衷地感谢为孩子的成长无私地提供各种支持和鼓励的长辈们；为孩子的成长付出宝贵心血的老师们；激励孩子不断前进的同学们，以及每一位给予过孩子帮助的人！他们的名字没有一一出现在这本书里，但我们铭记在心，因为没有他们就没有孩子今天的成长与进步。

源爸、源妈

2020 年 5 月

# 目　　录

**片语留白——未来的路还很长 / 147**

# 雏鹰展翅

## ——三年级的浅尝

# 一节大提琴课

星期四下午放学以后，我像往常一样，到三年级 11 班去参加大提琴课外班学习。

到教室以后，我赶紧放好防滑垫，调好支架，把大提琴架起来，再把弓弦拧紧，抹好松香。准备就绪，我就开始拉琴了。老师先是带着我们一起练习之前学过的曲子，然后让我们一个一个单独演奏，再给我们指出优点和不足。老师对我说："你比以前拉得有进步了，但是个别音还不太准，有时候弓没有拉到位。"我心想：我已经很尽力了，怎么还是拉不好呢？真不想练了！可是，当我看到周围的同学都在认真地练习时，我也不由自主地专心练了起来。果然，按照老师的要求练习，我感觉比刚才拉得好多了。原来，拉琴的姿势也非常重要，双眼要平视前方，看着乐谱，两肩放松，背要挺直，左手按弦，右手拿弓，拉琴的时候弓要平，用力要均匀。老师说："只有姿势正确了，

拉出来的琴声才悠扬、动听。"

这节大提琴课在琴声中结束了。我虽然很累，却很有成就感，因为我改掉了拉琴中存在的问题，我也明白了一个道理：学什么都不是一件容易的事，都需要坚持和努力！

### 妈妈说 关于学乐器这件事儿……

这是柏源上小学之后写的第一篇作文。柏源在一、二年级的时候，主要是练习看图写话，从三年级才开始真正学习写作文。这篇作文写得如何暂且不说，既然这篇作文是关于拉大提琴的，在这里就聊一聊我对孩子学习乐器的一点儿想法吧。

我认为，如果有可能，适当培养孩子在音乐方面的兴趣和审美是很有必要的。毕竟作为父母，我们都希望孩子的人生多一些乐趣，而音乐是人生最好的陪伴之一。那么，到底是学乐器，还是学唱歌？又或者是学哪种乐器？仔细想想，这些看似很难的选择，除了一方面取决于孩子的兴趣和天赋外，另一方面往往取决于我们在做选择时现有的条件和环境，例如，正好有缘遇到一位名师，或者离家不远就有一所音乐学院，又或者朋友的孩子有成功的路径可以借鉴，等等。在我看来，不必特别纠结，因为你会发现，在学有所成的孩子当中，既有父母有心栽花的，也有父母无心插柳的，所以，不纠结、不跟风，做合理的选择就好。

柏源学习大提琴纯属偶然。刚上三年级的时候，学校金帆民乐团招生，大提琴作为低音乐器居然也是民乐团演奏所需要的，这一点真的是让我长知识了。和柏源商量这件事的时候，我的观点是：学一门乐器挺好呀，而且男孩子拉大提琴多帅，大提琴又相对方便携带（我小时候学钢琴，真的是不能想搬到哪儿就搬到哪儿的）；而他的观点是：可以坐着演奏，这一点不错（很多乐器在演奏时是需要站着的）。就这样我们一拍即合。接下来的学琴过程，也是一片岁月静好，因为我纯粹是为了让他接受一点艺术和美的熏陶，而不是为了考级，也不是为了升学。在这一点上，源爸似乎更加超脱。当然，也正是由于这种没有明确目标和压力的学琴理念，最终，柏源的学琴小路（根本算不上是学琴之路）止步于五年级上学期，达到的水平就是拿到简单的琴谱能演奏，仅此而已。

记得有人说过，孩子在学习乐器的道路上之所以能够坚持下来，在很大程度上，主要是家长能够坚持下来。对这一点我深感认同，就看父母想要的是什么了，没有坚持学下去，我也没觉得天就塌下来了。反思柏源学琴止步的原因，最主要的还是小学高年级的学业明显比低年级重了，而我也不想孩子的童年回忆里除了学习就是练琴。由此看来，培养孩子不管哪方面的兴趣爱好，还是从学龄前，或者在适合的年龄段里，尽量早一些起步为好，因为学龄前或者小学低年级，孩子的课余时间相对宽松，随着年级的升高，你会发现，孩子能够用于发展兴趣爱好的时间会越来越少，大多数家长都不得不选择把孩子有限的时间和精力留给传统意义上相对重要的主课——语、数、英。

# 热心肠的姥姥

我的姥姥今年 66 岁了，她看起来还很年轻。她有一头卷卷的短发，笑起来眼睛像两道弯弯的月牙儿，说话的声音清脆洪亮。姥姥有一手好厨艺，还会理发，她经常帮助小区里的邻居们，大家都说她是个热心肠的人。

暑假的一天下午，天气非常炎热，太阳像个大火球，树枝一动不动，一丝风也没有，知了在树上不停地喊着"热"。我和姥姥从超市回来，在院子里遇到楼上的邻居张奶奶，只见她急匆匆地往外走，一脸焦急的样子，姥姥连忙关心地问："怎么了？什么事儿这么着急？"张奶奶回答："大姐，是这么回事儿，我父亲九十多岁了，腿脚特别不方便，天儿这么热，他头发太长了，我正想去理发店问问能不能上门服务。""我就会理发呀，我这就回家拿工具，给老人家理发去。"姥姥说完，拉着我就往家跑。我们拿了推子、剪子、梳子和围布，直奔张奶奶家。姥姥没歇一口气，进门就开始给老爷爷理发。姥姥动作特别轻，她尽量不让老爷爷动，而是自己调整姿势，还不时地帮老爷爷清理掉在脖子里的头发渣儿。张奶奶连声说："大姐，真是太谢谢您了，您可帮了我大忙了！"老爷爷也高兴地说："真是太凉快了！"他还颤颤巍巍地站起来给姥姥鞠了个躬。"您千万别客气，以后头发长了，我就来给您理。"姥姥笑着说。

看，这就是我热心肠的姥姥，小区里的邻居们都是那么喜欢她、尊敬她。我也要像姥姥一样，做一个乐于助人、热心肠的人。

### 妈妈说 "我送给我姥姥"

柏源对姥姥的感情很深，姥姥也是。记得柏源上幼儿园的时候，有一次姥姥带他去上思维训练课，正好第二天是母亲节，快下课的时候，老师给每位小朋友发了一枝康乃馨，然后问大家，回家把花送给谁？"妈妈！"小朋友们纷纷回答，谁知柏源脱口而出："我送给我姥姥，姥姥是妈妈的妈妈！"可以想象，全场惊呆，"哇"声一片，姥姥在诸多羡慕和赞赏的目光中，笑成了一朵花！

由衷感谢姥姥，姥姥太优秀了，做得一手好菜，做得一生好人，成就了健康、阳光、三观颇正的柏源！而柏源对姥姥的感情尤其深，这一点，在五年级下学期，从《给姥姥的一封信》里再次得到印证。

# 秋天的落叶

秋天到了，秋姑娘为我们带来了许多珍贵的礼物，有丰收的粮食和瓜果，有争奇斗艳的菊花，有清爽的风，有微凉的雨，还有带给人们无限欢乐的落叶。

俗话说，叶落而知秋。落叶为秋天带来了一抹亮丽的色彩。红色的是枫叶，远远望去，好像一个个红彤彤的五角星；黄色的是银杏叶，就像一把把精致的小纸扇；还有黄绿相间的梧桐叶……一阵秋风吹过，一片片树叶飘落下来，有的像旋转的降落伞，有的像翩翩起舞的蝴蝶，落在地上，仿佛给大地妈妈铺上了色彩斑斓的地毯。

落叶为秋天带来了一份欢乐，一份情趣。钓鱼台的东墙外有一片银杏树林，每到秋天，这里就成了人们和落叶嬉戏的好去处。看，有的小朋友捧起一把落叶，抛向天空，然后在飘落的银杏叶中欢呼雀跃；听，"咔嚓、咔嚓"，那是小朋友们在比赛谁踩落叶踩得响;还有的人,拿起相机,打开画布,记录下眼前这迷人的景色。我和爸爸、妈妈也沉浸在这美丽的秋景中,爸爸拿着相机给妈妈拍照,而我也和小伙伴们玩得正欢。

这就是秋天的落叶,她们是秋天飞舞的精灵,她们是秋天快乐的天使,她们还会慢慢变成肥料,滋养大地妈妈,让大树在来年春天发出更多嫩芽。

### 妈妈说 "第一梯队"育儿观

柏源刚上小学的时候,我对源爸说,从孩子上一年级开始,我们就要帮助他保持在班里的第一梯队(这里的"第一梯队"并不是划分等次,而是泛指"优秀的行列"),并不一定是第一名,但一定要在第一梯队。诚然,在当下仍然是以学习成绩作为"优秀"最主要衡量标准的现实之下,我也不能免俗地对孩子的成绩有所要求。

在我看来,从小学到大学,这么漫长的学习过程,其实就像是一场长跑,如果你一直跑在最面前,即便不是领跑的那一个,只要你能保持在第一梯队,你就会是最先到达终点的那一拨人中的一个。而我要做的,就是让孩子从一开始就保持在这场学习长跑的第一梯队,并且努力保持跟上,甚至是领跑,从而让他逐渐习惯这种状态,让他自己想慢也慢不

下来，如果一旦濒临脱离这种状态，他就会自我加压，努力保持，慢慢激发他的内生动力，激发他的自尊和自信，从而进入一个良性循环，如此一来，越到长跑的后半程，父母也就越不用那么操心了。

所以，从柏源上一年级开始，我们就努力当好他的陪跑，成为他在各方面力争上游的助力，哪怕只是一次作业、一份小报、一次课前展示，都鼓励他认认真真地完成，告诉他，什么是他能做到的最好，而结果也是令人欣慰的。一年级下学期结束的时候，柏源是全班唯一的全优生，连出勤都是全班唯一的全勤生。随之而来的，是学校和老师提供的各种锻炼的机会，例如，国旗下的演讲、"小小演说家"比赛、科幻作文竞赛，等等。

一句话，作为学生，你只有在优秀的行列里，机会才有可能找到你，而你也才能得到更多的锻炼、更多的积累。写这段话的时候，柏源已经上五年级了，他连续两年（三年级、四年级）被评为西城区"三好学生"，曾获得 2017—2018 年度西城区"红领巾"奖章、"迎春杯"一等奖（四年级数学）、2018 年度"数学花园探秘"全国总决赛铜奖，等等。

更令我感到欣慰的是，在小学阶段，柏源的重要经历和关键几步，作为父母，我们不仅没有缺席，而且始终作为孩子的铁杆儿盟友，坚定地和他站在同一个战壕里，这也成就了我们之间和谐互信的关系，以及充满温馨和爱的氛围。

## 爸爸说　写在柏源入队时

柏源：

你好！在这个骄阳似火的季节，欣闻你即将加入中国少年先锋队，成为一名光荣的少先队员，爸爸、妈妈由衷地感到高兴和欣慰！

柏源，你知道吗？中国少年先锋队，从名称上看，有两层鲜明的含义，首先，她是一个少年儿童自己的组织；其次，她是一个先锋的组织。

什么是先锋呢？

先锋，是一望无际的草原上飞驰的马群中跑在最前面的那几匹马；

先锋，是浩瀚无边的宇宙星河中最亮的那几颗星；

先锋，是波涛汹涌的海浪中不畏艰险、勇往直前的航船……

加入中国少年先锋队是每一位少年儿童的光荣和梦想。

柏源，加入中国少年先锋队是你人生中的一件大事，标志着你的成长和进步。然而，成长和进步同时也意味着你将肩负更多的责任，迎接更多的挑战！希望你能够把入队作为一个新的起点，不辜负老师和父母的期望，做一个品学兼优的中国少年先锋队队员！

　　柏源，爸爸、妈妈衷心地祝贺你！我们相信，加入中国少年先锋队以后，你一定会倍加勤奋努力，以更加崭新的面貌投入今后的学习和生活！我们期待着与你分享成长路上的点点滴滴！

爸爸、妈妈

2016 年 5 月 21 日

# 一盒爱心糖

七八岁的孩子大都爱吃糖。五颜六色、各种各样的糖也是我最爱吃的零食之一。平时，大人们送给我的糖，我都专门存在一个漂亮的小铁盒里，有水果糖、棒棒糖、牛奶糖和花生糖……，这盒糖被我当宝贝似的放在床头柜的抽屉里，只是偶尔拿出来吃一粒，解解馋。但是这一次，我毫不犹豫地把这盒糖送给了姥爷。

记得那是今年4月的一天，姥爷生病住院了，家里的气氛明显少了往日的欢快和轻松，妈妈总是紧锁着双眉，姥姥也不时地叹气。从她们焦急的对话中，我不小心听到，姥爷的病情严重，需要尽快做手术，我悄悄地问妈妈："妈妈，姥爷要做手术吗？""是啊，明天姥爷就要做手术了。我们一直没告诉你，是怕你担心，也怕影响你的学习。既然你已经知道了，那我们一会儿就一起去看看姥爷，给他加油打气吧！"妈妈抚着我的头说。

来到医院，大家都对姥爷说了很多鼓励和祝福的话。我却悄悄从书包里拿出那盒一直珍藏的糖，双手捧到姥爷面前，说："姥爷，祝您早日康复！吃了糖，您做手术的时候就不疼了。""谢谢柏源，好孩子！"姥爷激动得热泪盈眶，一把将我抱进怀里。

姥爷的手术做得很成功，我又到医院去看望他。姥爷告诉我，我送给他的这盒糖，还真的发挥了作用。有一次，他突然感觉心慌，医生说是低血糖，让他赶紧吃块糖，我送的糖就正好派上了用场。姥爷说，我送给他的不仅仅是一盒糖，还代表着我的爱心和孝心，更给了他战胜疾病的信心和力量。

## 妈妈说　家长应该帮孩子改作文吗？

记得在三年级上学期的家长会上，有位家长问我："孩子的作文，你帮他修改吗？"我说："当然会啊。"那位家长很不以为然，说她从来都不帮孩子修改，能写几个字就写几个字，老师要是批评，那也没办法，孩子就这水平。我只是笑笑，也不再说什么。

关于是不是应该帮助刚刚接触写作的孩子修改作文，这个问题我从没纠结过。因为我想，如果我们不告诉孩子什么样的作文才是好作文（也许只是一般意义上的好），那怎样才能让孩子通过文字感受到思想的高度、心灵的美？如果一不小心，他习惯了中不溜、差不多，甚至更不好的状态，那该如何是好？如果他在老师的多次批评中失去自信，从此对写作文产生抵触情绪，那又该如何是好？当然，改也要讲技巧，改，绝不是帮孩子重写，而是要启发孩子自己修改，或者和孩子同步修改，然后再对比讲解，为什么这么改？哪种写法更好？

有时候，孩子在写作文之前，也会先和我交流，把他的想法告诉我，我当然是非常乐意与他分享我的观点，给他一些启发。实际上，孩子的写作能力在这个过程中也得到了锻炼和提高，这从他的随堂练笔里可见一斑。

我父亲的一番话对我影响颇深，他说，"在学习的起步阶段，父母就应该作孩子的拐杖，特别是刚上小学的时候，他不会，父母不教他谁教他？他有问题，不找你找谁？如果孩子从父母这里得不到帮助，那他以后有问题，还会来找你吗？别说学习上的问题不找你，遇到什么问题都不会来找你！"听起来是不是很有道理？随着年级的升高，孩子的学习能力和写作能力不断提升，作为"拐杖"的我也逐渐退出了舞台，从四年级开始，在写作文这件事上我基本不用操心了。

当然，培养孩子阅读的习惯也是非常重要的，阅读可以培养语感、积累词汇，是提升写作能力的重要途径。关于阅读的重要性，以后有机会再聊。

# 魅力无穷的沙坡头

有一个神奇的地方，说她是沙漠，却有黄河横穿而过；说她是大河，岸边却连接着绵延万里的腾格里沙漠。唐代诗人王维的名句——"大漠孤烟直，长河落日圆"是她的真实写照，她就是位于宁夏中卫的沙坡头。去年暑假，我和妈妈在那里快活地玩了两天，至今记忆犹新。沙坡头真是个魅力无穷的地方！

沙坡头的魅力首先在于一个"奇"字。我们都知道，在沙漠里是很难找到水源的，更别说大河了，河岸边往往是青山、树林，而不会连着沙漠。可大自然就是这么神奇，鬼斧神工般地将沙漠与大河在沙坡头完美结合，黄河在腾格里沙漠中穿流而过，河岸的沙丘上形成了一片片绿洲，养育了一代代大漠儿女。

沙坡头的魅力其次在于一个"美"字。站在黄河与沙漠的交界处，远远望去，是一座座金色的沙丘，延绵不绝，仿佛是湛蓝的天空中划出的一道道美丽的弧线，伴随着驼铃声声，一支支驼队在弧线中若隐若现。近处是生机勃勃的黄河，两岸的树木郁郁葱葱，河面上漂着一只只羊皮筏子，船歌声不绝于耳。阳光洒在河面上，波光闪闪，将黄河与大漠连成一片金色的海洋。

沙坡头的魅力还在于一个"趣"字。这里有许多有趣的游乐项目，骑骆驼、滑沙都是不错的选择。我最喜欢的是沙漠冲浪。我和妈妈坐在一辆巨大的越野车上，越野车刚启动的时候行驶得还比较平稳，后来就随着沙丘的起伏越开越快，越野车发动机的轰鸣声和大家的叫声、笑声融为一体，特别刺激。黄河漂流也很有特色，我们乘坐的是黄河上最古老的运输工具——羊皮筏子。羊皮筏子是将整个山羊皮晒干后，充满气，再将十几个充满气的山羊皮捆绑在一起，做成船的模样，坐在上面，行驶得又轻又快，我当时还真有点儿怕掉下来呢！

同学们，听了我的介绍，你们是不是也想去亲身体验一下这魅力无穷的沙坡头呢？

### 妈妈说　孩子需要什么样的旅行？

孩子需要什么样的旅行？注意，是旅行，而不是旅游。在我看来，这两者是有区别的，前者落脚在"行"，后者落脚在"游"，孩子需要的是有意义的旅行，而不是旅游。作为家长，我们带孩子旅行，究竟是为了满足自己晒朋友圈呢？还是为了真的给他们的童年留下一点儿有价值的回忆？

我个人不太赞同两类旅行，一类是以吃喝玩乐为主，充满奢华享受的旅行。有时候我们会想，好不容易出去玩一趟，难道还要吃苦不成？当然，有时候适当吃点儿苦并不是坏事。现在的孩子大多数是"泡在蜜罐里"长大的，普遍缺少"吃苦"这堂课，日常生活已经足够优越，如果旅行还只是享受，那可能真要考虑一下这趟行程的意义。还有一类是随波逐流、盲目跟风的旅行，例如所谓的境外游学，打着练口语、见世面的幌子，看似孩子逛了几所常青藤大学，住在了外国友人家里，结识了外国小朋友，实际上孩子真正学到了什么呢？他们知道怎样回答签证官的问题吗？他们知道如何在国外的机场取托运行李吗？他们知道如何办理退税吗？他们真的用英语充分交流了吗？

也许我不够洋气、不够大方，但至少没有以满足虚荣心、见世面为由带孩子进行不必要的旅行。当然，我对"旅行"这件事也有一个逐渐认知的过程。在柏源二年级的暑假，我和源爸带他去了某海洋公园，孩子玩得非常开心，事后我却时常后悔，众生平等，为什么是我们人类看动物表演？！那些动物为了生存取悦于人，离开了本该属于它们的自然家园，它们真的开心吗？！而我们住着那么舒适，连卫生间的细节都充满了童趣的酒店，孩子又收获了什么？试想十年之后，他对这次旅行可还有些许记忆？也许到那时，他的回答只是，好像有印象，去过，仅此而已。

那么，孩子到底需要什么样的旅行？我想也许我们可以尝试着挑选一个合适的目的地，然后带着孩子一起做旅行攻略，再一起收拾行李箱；或者我们可以来一次"寻宝"活动，提升旅行的含金量，记得有一次，我和柏源去南京旅行，其中有一站是总统府，源爸虽然因为工作原因没去成，但是他提前做了不少功课，专门查找了资料，预设了许多"宝物"的信息，让柏源沿途寻找，找到一个就拍一张合照，最后柏源不仅有了自己的参观路线，对总统府的印象也更加深刻了；或者我们还可以跟随孩子的语文课本，去看看黄山的迎客松和奇石，去尝试着偶遇一下泰山的挑山工，去黄鹤楼体验一下什么是"欲穷千里目"……；又或者我们可以和孩子一起来一个博物馆之旅，再绘制一张"我"走过的博物馆地图……，让旅行真正体现出"行万里路"的价值。

# 一个难忘的生日

我今年已经8岁了。每年过生日的那一天，是我最快乐的日子，因为全家人都会聚在一起为我庆祝，如果正好赶上周末，大家还会一起去郊游。可是，今年的生日却与往年有些不同，格外令人难忘。

记得生日的前一天晚上，妈妈走进我的房间对我说："柏源，明天就是你8岁生日了，本该给你好好庆祝一下，可是姥爷还在住院，你想怎么过这个生日呢？"听了妈妈的话，我心想，是啊，姥爷前不久刚刚做了一个大手术，一直在住院治疗，全家人都忙着照顾姥爷，要不今年就不过生日了吧。可是，我又一想，嗯，有主意了。我对妈妈说："妈妈，姥爷还在住院，今年就别为我过生日了，明天放学后，您带我去医院看看姥爷吧！"妈妈听了我的话，微笑着点点头。

第二天，放学回到家，我早早地写完了作业。妈妈下班回来，就带着我去医院看望姥爷。推开病房门，姥爷一个人躺在病床上，他看上去瘦了许多，脸色也有些苍白，可是一看见我，姥爷立马来了精神，眼睛也明亮了起来，连声说："柏源来了！"我快步走到姥爷床边，拉着姥爷的手问："姥爷，您好点了吗？""我好多了，谢谢柏源。"姥爷高兴地说。正在这时，病房的灯不知被谁关了，耳边响起了"祝你生日快乐……"的音乐，只见姥姥端着一个生日蛋糕走了进来，姥姥、姥爷和妈妈齐声说："柏源，祝你生日快乐！"姥姥、姥爷还特意送给我一个篮球作为生日礼物。就这样，我在姥爷的病房里过了8岁生日，特别温馨、特别难忘。

姥爷说，我在生日的这一天，还专门去医院看望他，令他特别感动。我却觉得，姥爷生着病，还专门为我过生日，我更加感动。现在，每周一下午的篮球课外班上，我都会用到姥爷送给我的篮球，心里暖暖的！

### 妈妈说 跟孩子探讨的话题到底可以有多深？

姥爷罹患癌症这件事，加深了柏源对生命的认识。小学阶段，他的好几篇作文都是关于这件事儿的。

关于生命这个话题，我与柏源讨论过多次。记得有一次去上阅读课的路上，我们走在小拐棒胡同里，我告诉柏源，其实人一生下来就是在走向死亡的。如果用人生的长度来衡量一个人所拥有的财富的话，那么，我们刚出生的时候是最富有的，因为那时，我们拥有整个人生的时长，而随着从小长大，直至衰老死亡，我们会变得越来越穷，最后归零，一无所有。所以，我们要把每一天都过得精彩、充实和有意义，只有这样，等到我们生命终结的那一天，我们才可以感叹一句：此生无悔，没有白活。这是我们关于人生、关于生命的第一次比较深入的交流。

还有一次，是由"人类命运共同体"这个概念引发的交流，这次并不完全是关于生命，我更多地是想给柏源构建一个大的宇宙观。我告诉他，未来也许还会有"星际命运共同体"这个概念，我们地球作为浩瀚宇宙中一颗不大的行星，将来会越来越面临和其他星球在宇宙空间中和平共处、共享太空资源的问题，地球上的生物，包括人类，也许要学会和外星生物共谋生存。

再后来，在2019年的春节，我们全家去电影院看了《流浪地球》，再次探讨了关于生命和物种的话题，随着AI技术的发展，未来有思想和情感的机器人是否应该被视为有生命的另一物种？而大脑被植入芯片的人，到底是机器人，还是生物意义上的人类呢？

总而言之，我认为，应该在合适的时机跟孩子探讨一些有思想、有深度的话题，不一定要求他完全听得懂，因为，埋下一颗思考的种子比强求他听懂要重要得多。尽管是小学生，也依然是有独立思考权利和能力的个体，特别是进入小学中高年级之后，我们不要认为孩子还小，很多话题他们听不懂，也不适合讨论。相反，多和孩子交流一些有意义、有深度的话题，对于提升孩子的格局，拓宽孩子的视野和知识面是大有益处的，如果一切都等到我们认为他们听得懂的时候再交流，那可能就有点儿晚了。

# 身　边

在我们身边，总有一些事情看似平凡，却能教会我们做人、做事的道理。

## 教室里

上学期期末的一天下午，我们班的教室里热闹极了，原来是同学们正在进行"五星生"的评选。"下面我们来选'学习星'，大家说说哪些同学能当选呢？"班主任老师话音未落，同学们就你一言、我一语地推荐起来，"我选王晓源。""我选胡晓彬。""我选孟晓宇。"……，不一会儿，几名学习成绩好的同学就被选了出来。当班主任老师念到"胡晓彬"的名字时，他突然站了起来，说："老师，我觉得自己学习上还有些不足，够不上当选'学习星'。"就这样，胡晓彬放弃了"学习星"。他的举动深深打动了我，同学们已经把他选出来了，他却那么谦虚，对自己要求那么严格，是我学习的榜样。

## 上学路上

每天早上都是妈妈开车送我去上学。上学的路上，每当看到有行人或是骑自行车送孩子上学的人，妈妈总会放慢车速，甚至停下车来招招手，让他们先过。妈妈总是说，早上大家都着急上学或上班，我们在车里，冬天有暖风，夏天有空调，应该让他们先过。是的，我们都应该多替别人着想。

## 小区里

不知什么时候，我家的小区门口来了一只流浪的小狗。先是保安叔叔喂它水喝，又有好心的邻居们给它拿来纸箱、布垫和食物。我每天放学回来，也总会去看看它。有一次，小狗生病了，一位好心的邻居奶奶还特意带它去宠物医院看病。为了方便照顾，这位奶奶干脆把小狗收养回家。善良的邻居们，让我懂得了要做一个有爱心的人。

我们身边值得学习的小事还有很多，它们传递着正能量，它们就像是生活中的老师，教我们做人，伴随我们成长。（注：文中人名均为化名）

**妈妈说** **点点滴滴皆是教育**

告诉孩子什么是美固然重要，但更重要的是让孩子拥有一

双发现美的眼睛。然而这里，我想说的重点不是这个，而是关于言传身教这个"小"问题。

如果说生活是一所学校，父母是最好的老师，那么，言传身教就是最好的教育。因为最初，孩子获得知识和成长的重要方式之一，就是模仿。教育绝不仅仅是在孩子犯了错误或者没考好的时候才需要的，教育应该是无时无刻不在的，或者说教育更应该是在平时的。

为什么孩子会像父母？为什么每个家庭都会有属于自己的家风？一方面，从遗传学的角度，孩子遗传了父母的基因，从体貌特征、性格特点，甚至遗传性疾病发生的概率上，都有可能和父母相似；另一方面，就是长辈的言传身教对孩子潜移默化的影响。

我们都知道，孩子的性格和言行举止，多多少少都会有一些父母的影子，这也印证了"孩子是父母的一面镜子"这句话。一般来说，父母节俭，自然也教不出奢侈浪费的孩子；父母孝顺，孩子也会懂得尊老爱幼；父母善良，孩子就会知道爱和感恩。这是性格方面。

孩子对未来所学专业和所从事的职业的选择亦是如此。古时候，那些世代书香的家庭，因为孩子看到父辈多在书房读书习字，母亲也会吟诗作画，孩子自然会模仿，会认为自己也应该成为那样的人；那些官宦人家的子弟，长大考功名、走仕途的也相对较多，就这样代代相传。现代社会，文明的发展程度不言而喻，但依然是出生在军人家庭的孩子，往往弃文从武的多；出生在商人家庭的孩子，也是子承父业的多。虽没有做过严谨的调查统计，但由此我们是不是可以推测出一个结论，那就是，孩子将来去从事父母所从事的职业或相关领域工作的概率应该会比从事其他职业的概率要高一些。

为什么会这样呢？我想可能有两方面的原因，一方面，孩子对父母天生有一种崇拜，特别是自身综合素质比较高的父母，孩子大多会希望成为他们那样的人（父母也常常自诩为孩子的榜样）；另一方面，一般来说，父母和孩子交流得相对多的应该是自己职业领域相关的知识，因为那些知识他们更熟悉、更擅长，那么孩子受到的熏陶自然也就多一些。

从孩子的性格养成到未来的职业选择，我们不难发现，父母的言传身教对孩子会有多么大的影响。曾经看到过一句话，"父母对孩子最好的教育，就是先做好自己"，深有同感。

# 看不够的南京

今年寒假，妈妈带我去南京玩，南京这座历史文化悠久、风景优美的六朝古都，给我留下了深刻的印象。她就像一座博大精深、藏品丰富的博物馆，让人怎么看也看不够。

南京历史悠久，和北京、西安、洛阳并称为中国的"四大古都"，从公元 229 年开始，东吴、东晋、宋、齐、梁、陈都曾在这里建都。总统府是我们到访南京的第一站，这是一个见证了我国从明清到近代历史的地方。远远望去，"总统府"三个金光闪闪的大字格外耀眼。走进大门，首先映入眼帘的是一座古朴庄重、充满民国特色的建筑群。总统府分中、东、西三个部分。沿着中轴线向里，大堂正中，孙中山先生题写的"天下为公"四个大字让人十分振奋。穿过精致的长廊，我们先后来到了会客厅和子超楼。总统府的东面，是两江总督署和洪秀全的天王府。总统府的西面，是孙中山先生曾经工作和生活的地方。

一路走来，脚下那一块块充满历史印记的青砖仿佛在告诉我们：孙中山先生曾在这里就任中华民国临时大总统，蒋介石曾在这里办公，张之洞、曾国藩等名臣曾在这里治理两江，洪秀全曾在这里谋划太平天国大业……

说到南京，就不得不提南京的文化符号——夫子庙了，中华民族的传统文化在这里得到了集中体现。"朱雀桥边野草花，乌衣巷口夕阳斜"，刘禹锡诗中的"乌衣巷"就位于夫子庙，从古到今许多文人墨客都曾在这里留下诗句名篇。这里还是美食的天堂，没走几步就能碰到一家"中华老字号"，鸭血粉丝汤、赤豆小元宵、鸡汁汤包、桂花鸭……，听起来就让人垂涎欲滴。"夜游秦淮赏花灯"也是夫子庙的一大特色。夜幕降临，夫子庙被各式各样的花灯装点得绚丽辉煌、美不胜收，有"双龙戏珠"灯、"金鸡贺岁"灯、"孔雀开屏"灯……，让人眼花缭乱。

这次到南京，恰逢梅花盛开，我和妈妈还专门到梅花山赏梅，亲身感受到了南京的景色秀美。从山脚下向上望，真是一片梅花的海洋。随着人流进入花海，各种各样的梅花让我们目不暇接，白色的江梅、粉色的宫粉梅、红色的朱砂梅，最让我感到惊奇的是，竟然有绿色的梅花，那就是清丽脱俗的绿萼梅。"梅须逊雪三分白，雪却输梅一段香"，一路走来，梅香四溢，令人陶醉。

短短两天的南京之行，让我感受到了不一样的南京，她的厚重历史，她的文化底蕴，她的优美风景，让我流连忘返，总觉得没看够、没玩够，真希望下次有机会再来访南京。

## 妈妈说 三人世界中的二人空间

家庭的完整，对孩子的成长是非常重要的。但是，在完美的三人世界中，偶尔也不妨尝试一下二人空间，也可以有仅仅属于孩子和父母一方的亲子时光，甚至是小秘密。

这次南京之行，本来是三人同行，可是源爸临时有工作走不开，我又不想就此放弃，就独自带着柏源出发了。没想到却惊喜地发现，男孩子和妈妈单独旅行，能够很好地激发他的男友力，老母亲很有安全感（笑）。这里说的二人空间，不是指上学接送这样的每日常规，而是相对较长、较独立的一段相处的时光。这次和柏源的南京之行，让我感受到了他一路的照顾，查路线、乘地铁、吃什么……，我好像只需要负责拍照和分享（笑）。

我们都觉得这次旅行很棒，回到北京，为了记录这次旅行，我和柏源一道制作了一个幻灯片。由此，柏源学会了怎样做幻灯片，也算是这次旅行带来的附加值吧。

当然，柏源也有和爸爸单独相处的时光。他们一起做保护鸡蛋的坠落实验，一起去天津看赛车，一起去吃小火锅……，他们享受着二人空间的美好时光，也会时不时跟我分享开心的瞬间，那感觉，很棒，最实在的是还能偷得浮生半日闲（笑）。

# 让蓝天常在

丁零零……，"柏源，由于北京重度雾霾，能见度太低，飞机无法安全降落，妈妈今晚回不了北京了。"正当全家人万分焦急的时候，我终于接到了妈妈的电话。三天前，妈妈到南宁出差，说好今天回北京，没想到却由于雾霾回不了家了。

说到雾霾，大家可能都不陌生。雾霾来袭的时候，天空一片灰蒙蒙的，高楼大厦就像是一块块落满灰尘的积木，路边的花、树木也失去了颜色，街上的行人都戴着口罩，行色匆匆仿佛要逃离这灰色的世界。雾霾的危害，小到让同学们咳嗽生病，大到引起高速公路上的汽车追尾事故，就连飞机的降落也受到了影响。可见，雾霾的危害有多大呀！

为了防治雾霾，保护环境，我们全家人都积极行动起来。首先，妈妈带我上网查了许多关于雾霾的知识，让我明白了令人头疼的雾霾到底是什么，又是怎么产生的。然后，我们全家召开了一次家庭会议，讨论我们能做哪些力所能及的事情来保护环境，找回北京的蓝天。妈妈说："我每天可以开电动汽车上下班，减少汽车尾气排放。"爸爸说："我要把生活垃圾进行分类，减少二次污染。"我也积极发言："我要在学校认真做值日，保持教室卫生，周末我还可以走路或者骑共享单车去上课外班。"

就这样，我们全家人都加入了保护环境的行列。我相信只要我们每个人都能为环保出一份力，就一定能让蓝天常在。

# 挑战不可能

相信同学们都有过做科学小实验的经历吧，我也是个小科学迷，经常动手做一些小实验，而令我印象最深的是一个名叫《摔不破的鸡蛋》的实验。

寒假的一天，在《我们爱科学》杂志上，我看到一则小实验，是让同学们试一试用什么保护方法能让鸡蛋从空中掉下来，却不摔破。怎么可能呢，鸡蛋多容易摔破呀！我倒要试试。我心里正想着，只见爸爸笑眯眯地拿着一枚鸡蛋，走到我面前，真是知我者，老爸也！拿什么做保护呢？我们先找来一个易拉罐，在里面垫上报纸和餐巾纸，把鸡蛋放入后，用透明胶封好罐口，在楼下没有人的情况下，从我家住的三楼扔下去，鸡蛋不出意料地摔破了。

看来，只用易拉罐保护还不够。第二次，我们又找来了一个屋形牛奶盒，套在易拉罐外面，并将报纸叠成波浪形，垫在中间，减少冲击力。"这次肯定能成功！"我边想边兴冲冲地跑到窗口，将装着鸡蛋的牛奶盒扔了下去，我边扔边喊："爸爸，鸡蛋火箭发射啦！"可惜的是，这次实验又失败了，鸡蛋还是摔破了。"爸爸，要不咱们别做了，鸡蛋肯定会摔破的，再说，多浪费呀！""没关系，儿子，摔破的鸡蛋咱们中午炒着吃，再试试吧！"

就这样，第三次实验开始了，我们在牛奶盒的四周粘上了四个小月饼盒，又在牛奶盒的上方安装了一个塑料袋，就像一个简易的"降落伞"。这下，保护装置够全了吧！当我松手的那一刻，心里紧张极了。"儿子，祝贺你！"爸爸飞奔上楼，功夫不负有心人，这次终于成功了，我心里有说不出的激动和高兴。

通过这件事情，我明白了什么事情都要动手试一试，而且做什么事都要有恒心、有毅力，不要轻易放弃，坚持就是胜利。

# 学做幻灯片

寒假期间，我和妈妈一起去南京玩，一路上了解了南京的风土人情，还拍了许多精美的照片。回到北京后，妈妈教我用幻灯片的形式来记录这次旅行的见闻。

说实话，妈妈的提议让我既兴奋又有点儿紧张，兴奋的是，我早就想学做幻灯片了，紧张的是，做幻灯片会不会很难呢？要是我学不会呢？"柏源，咱们先来新建一个幻灯片文件。"我的学做幻灯片之旅就这样开始了。"这就是幻灯片的图标，双击以后点击'新建'就行了，你来试试。"我按照妈妈说的方法，果然顺利地新建了一张幻灯片，心里别提多高兴了，也没那么紧张了。

接下来，妈妈又教我在幻灯片中插入文字。"柏源，你看，通过插入文本框，就能在幻灯片里写字了。"我迫不及待地选了一个横排文本框，并用拼音输入法在文本框里打出了"南京"

两个字，真是太神奇了，我一点儿也不紧张了。"柏源，你真棒！只要你认真学，做幻灯片一点儿也不难吧。"在妈妈的鼓励下，我把去南京的所到之处全都打在了幻灯片上，还学会了改文字的字体和颜色。

"柏源，你看咱们的幻灯片还缺点儿什么呢？""当然是图片了！""是的，幻灯片的好处就是能够图文并茂地记录你想记录的事。"就这样，妈妈又教我在幻灯片中插入图片。我成功插入了我们在总统府、梅花山、夫子庙等景点拍的18张图片呢！

最后，我还给这个幻灯片取了一个充满诗意的名字——《访十朝古都，赏梅花灯会》。这次我不仅学会了如何做幻灯片，掌握了一项电脑小技能，也体会到了战胜困难的乐趣。

# 严格也是爱

　　在我的眼中，爸爸、妈妈的爱有很多种表现，例如，爸爸每天早上都会早起为我做早饭；有好吃的东西，妈妈都会留给我吃，自己却舍不得尝一口；每年我生日的时候，爸爸、妈妈都会为我准备生日礼物，陪我一起庆祝……，这些都让我觉得特别温暖和幸福。但是，爸爸、妈妈另一种爱的表现，却是对我的严格要求。

　　"柏源，今天在学校玩得开心吗？有什么收获吗？作业都写完了吗？"这是妈妈每天下班回来对我说的第一句话。在学习上，妈妈对我要求非常严格，她总是一边检查我的作业，一边告诉我哪个字没写好，哪道题还有另一种解题方法。妈妈还有一个神奇的本领：她总能发现老师对我们的新要求。就拿上次来说，妈妈一边给我的语文听写本签字，一边说："儿子，你们以前是一个单元一听写，现在是一课一听写，要加油哦！"妈妈每天还会根据我们学习的进度，给我布置家庭作业。正是因为妈妈的严格要求，使我养成了课前预习、课后复习、回家先写作业的好习惯。

爸爸对我要求严格，主要表现在对我独立性的锻炼上。他总是告诉我，自己的事情要自己做，比如，洗完脚以后要自己洗袜子，饭后要主动收拾碗筷……，不过，也有例外的时候，记得有一天，我因为上大提琴课，晚上写完作业已经快 10 点了，当我洗完脚正准备洗袜子的时候，只听爸爸说："儿子，今天太晚了，你快去睡觉，袜子爸爸帮你洗。"我听了心里特别感动。

关心是爱，严格也是爱。爸爸、妈妈对我要求严格，是一种负责任的爱。谢谢爸爸、妈妈对我的爱。

### 妈妈说　学习是件苦差事

我经常对柏源说，学习是件苦差事，是一定要吃苦、下功夫的。但是，一旦你学通透了，学到一定境界了，会感受到别人感受不到的快乐。当然，一般意义的快乐，那是轻松愉快的玩带来的自由的快乐。

我经常给柏源传递的另一个观点是：自律才能自由。但凡取得一定成就的人，他们在通向成功的路上，往往有一个共同的特点，那就是自律，当他们成功之后是否还继续保持这种品质，那可能就因人而异了，但如果依然自律，一定会取得更大的成功。在我看来，对学生来说，勤奋刻苦、管得住自己就是

一种自律。

　　在学习上，我对柏源是有要求的，尽管相比"虎爸、虎妈"可能是小巫见大巫，但是我也有我的底线：一是学习成绩不能脱离班级的第一梯队，二是不玩电子游戏。目前看来，两条底线都尚未突破，我的内心还是有点儿小庆幸的，尤其是对于第二点。

# 我的爱好——打篮球

"激动人心的时刻到了，最终的比分是 119 比 104，辽宁本钢队获得了本场 CBA 比赛的胜利！"去年冬天的一个晚上，妈妈带我去奥体中心观看了一场 CBA 篮球比赛，直到现在我还经常想起当晚比赛时的情景：运动员们在场上飞快地奔跑，用力地投球，奋勇拼搏，比分一直不相上下，真是扣人心弦。从那时起，我就喜欢上了打篮球这项运动。这个学期，我专门参加了篮球课外班，通过打篮球，我的身体素质得到了提高，我还结识了许多好朋友，让我感受到了团队合作的力量。

记得有一次篮球课上，教练要组织我们和四年级的同学打一场篮球比赛，这可是我上篮球课外班以来的第一场比赛呀！教练话音未落，我便第一个举手准备报名。这时，12 班的一个同学一边拉住我的手，一边小声对我说："人家是四年级的，个子比咱们高，跑得比咱们快，咱们肯定打不过人家，别报名

了。""谁说咱们三年级一定打不过四年级的,不试试怎么知道!"在我的带动下,旁边几个三年级的同学都一起报名参加了,我们组成了一个队,大家还让我当队长呢!

作为队长,我迅速给大家进行了分工,有的打前锋,有的打后卫,有的负责中场传球……,我们大家齐心合力,虽然个子不高,但我们很灵活;虽然跑得不快,但我们配合很默契,减少了失误。我们的比分终于超过了四年级队。这时,我想到了之前看过的一部动画片——《太空大灌篮》,一群小卡通人物齐心协力,战胜了 5 个高大的篮球巨怪。"三年级队获胜!"白教练的话把我从虚拟世界中拉回了现实。"我们太棒了!""我们成功了!""我们做到了!"大家都高兴地欢呼起来。

打篮球不是一个人的运动,它需要队员们互相配合。打篮球让我收获了健康,收获了友谊,更收获了勇气和拼搏精神。

## 妈妈说　运动的重要,不言而喻

孩子一定要多做户外运动。

在运动细胞这件事上,不知道源爸做何感想,我反正是一直对柏源抱有些许歉意。运动于我,简直就是短板中的最短板。你想啊,那个曾经需要班主任老师领着去找体育老师求情,勉强让体育及格的女孩子,简直就是妥妥的体育盲!经过多年的努力,无论是何种运动项目,就算是最简单的健步走,都无一例外地坚持不下来,自我反思了一下,可能就是在运动方面的禀赋基本为零。

　　一代人未实现的梦想，总想在下一代人的身上实现；一代人的遗憾，总想在下一代人的身上得到弥补。我也是这样，总希望柏源在运动方面，能够从人类发展进化的角度，得到哪怕一点点的优化（笑）。怎么说呢，感觉还是多少改善了一些，至少柏源学会了游泳，还考了深水证，对踢足球和打羽毛球也很有兴趣，还尝试了滑雪、皮划艇、桨板……，总算是多少体现了在体育运动方面的进化成果吧。

# 谦让换来的友谊

在班里，我有很多好朋友，有的是在学习中建立的友谊，有的是在课外班认识的，而我和陈晓锐的友谊却是谦让换来的。

一次体育课上，老师让我们练习打篮球，本来篮球是传给我的，却被陈晓锐抢走了，他不仅抢走了篮球，还朝我做鬼脸、吐舌头。篮球好不容易才传到我这儿，陈晓锐就仗着自己个子高，欺负人！我越想越气，下定决心要把篮球抢回来。就这样，我们俩为了抢篮球打了起来。

放学回到家里，我心里还想着这件事，满脸的不高兴。"什么事让你这么闷闷不乐呀？"妈妈关心地问。我把事情的来龙去脉告诉了妈妈，本以为妈妈会好好安慰我，没想到妈妈只是平静地说："给你个小小的建议，明天到学校，你主动去向陈晓锐道歉，看看会发生什么。"我很不服气，心想：他抢我的篮球，为什么还要我向他道歉？

虽然没想通，但是第二天来到学校，我还是放下书包就去找了陈晓锐。"陈晓锐，对不起，昨天是我不好，其实只要你和我说一声，我会先让你玩篮球的。"话音未落，"我也不对，我不该抢你的篮球。"只听陈晓锐不好意思地说。就这样，我们俩和好了。

从那以后，我和陈晓锐成了好朋友。在学校里，我们俩互相帮助，他有不会的题，我就主动给他讲；我没带彩纸，他也会主动借给我。我终于明白了，妈妈为什么让我先向陈晓锐道歉，因为宽容和谦让就像是魔法石，不仅能让我们收获友谊，还能让友谊地久天长。（注：文中人名为化名）

## 妈妈说 明智的家长应该懂得做孩子的出口

每个人都可能会犯错，更何况是孩子。我常想，孩子犯了错，在学校有老师批评，被同学瞧不起，回到家里还要面对父母的责骂，换位思考一下，我们也曾经是孩子，也曾经犯过错。那么，当孩子已经意识到自己的错误，已经非常悔恨和自责的时候，是多么渴望有人能理解他，有人能相信他，有人能给他改正错误的机会啊！明智的家长应该懂得做孩子的出口，一道门、一扇窗，哪怕是一条缝隙，也要让阳光和空气透进来，不要让孩子觉得四面都是高墙，这才是成长该有的样子啊。

有人会说，那孩子犯了错就不能批评了吗？不是的，孩子犯了错当然应该批评，但家长一定要把握原则和底线，批评也

要把握好一个度，既不能不痛不痒、毫无原则地一带而过，也不能简单粗暴，用语言暴力来替代有效沟通。那些走了极端的孩子，我想他们的父母很可能是缺乏与孩子的有效沟通的。

当孩子犯了错误的时候，很多家长最直接的反应往往是着急上火，先对孩子一通训斥，但这并不是最好的解决方式，这一通训斥就像是一桶冷水，很可能把孩子自我反省、自我改进的勇气和努力一股脑地浇灭了。其实孩子自我内心的斗争才是在错误中成长进步的内生动力，这就像生病一样，身体的免疫系统已经启动了，就别太着急外部干预。

# 夸奖的力量

得到夸奖是快乐的，每个人都希望得到别人的夸奖。我得到过别人的夸奖，我也夸奖过别人，感觉好极了！

今年大年初一，妈妈带我专门去给邻居家 92 岁高龄的爷爷、奶奶拜年，"爷爷、奶奶，新年好！""柏源来了，谢谢你来看我们，真懂事！"爷爷、奶奶看到我别提多高兴了，脸上笑开了花。我和妈妈还特意给爷爷、奶奶带了水果和糕点，爷爷、奶奶也一个劲儿地把家里的糖果和花生往我兜里塞。临走的时候，爷爷、奶奶还不停地夸我："柏源真是个又孝顺又懂事的好孩子，将来长大了一定有出息！"听了爷爷、奶奶的夸奖，我心里别提多高兴了。我暗下决心，一定要听爷爷、奶奶的话，做一个尊敬长辈、孝敬老人的好孩子。

我也有夸奖别人的经历。今年我生日的那天，小铃铛弟弟一家专门来为我庆祝生日，我们俩一起玩乐高和立体迷宫。吃

晚饭的时候，4岁的小铃铛弟弟自己拿着勺子吃，不用大人喂。"小铃铛弟弟，你真棒，会自己吃饭了。"我夸奖道。小铃铛弟弟一听我这么说，表现得更好了，大口大口地吃饭，还吃了很多青菜。连他妈妈都说这是小铃铛弟弟最近吃饭表现最好的一次。

夸奖是一种力量，多夸奖别人，就能给别人更多的信心，给别人传递更多的正能量；得到别人的夸奖，不仅能让我们感受到快乐，还能让我们不断地成长进步。

## 妈妈说　你告诉过孩子，为什么要听话吗？

我曾经跟柏源讨论过"孩子为什么要听话？"这个话题。

试想一个画面，家长一张嘴，"听话啊，balabalabala……"，孩子满脸不乐意，明明白白写着"为什么呀？！凭什么呀？！"柏源小的时候，我就告诉他，"听话"听的是什么话呢？这个"话"就是正确的道理，并不是妈妈说的话，也并不因为是妈妈或者大人说的话就要听，无论是大人还是孩子，我们都应该听正确的道理，如果孩子说得对，大人也要听孩子的。

这一观点，柏源欣然接受，也很自然地避免了大人与孩子的对立，让孩子觉得"我们是平等的，有共同遵守的规则"。

那么，为什么更多时候，我们会要求孩子听大人的话呢？那是因为，当孩子小的时候，大人比孩子掌握的知识更多一些，积累的经验更丰富一些，懂得的道理也更多一些，所以，当孩子小的时候，选择多听大人的话是明智的，可以让成长中的孩子最直接地获得更多的真知和尽量做对的事，从而少走弯路。而随着孩子年龄的增长，当孩子对自然界和社会的认知能力远远超出能力逐渐递减的老父亲、老母亲的时候，我想，父母选择多听听孩子的意见是明智之举。

# 向阳而生

## ——四年级的思考

# 美丽的汤旺河

同学们，你们见过像大海一样广阔的森林吗？你们见过形态各异的奇石吗？今年暑假，我和爸爸、妈妈来到了景色宜人的伊春，那里的汤旺河林海奇石公园就是一个森林茂密、奇石林立的美丽的地方。

走进公园的大门，清新的空气扑面而来，那是森林特有的气息。汤旺河景区的森林覆盖率高达98.8%，被称为"森林的王国""植被的天堂"。首先映入眼帘的是一片白桦林，一棵棵笔直的白桦树就像一个个守卫森林的士兵。我们沿着林中的木道前行，不时地拍照留念。

"检阅"完"白桦林卫队"，我们来到了奇石区。一束阳光照在我们脸上，让我们睁不开眼睛，这就是著名的"一线天"，两座石峰相距仅有30厘米，只有光线可以透过来。我们沿着陡峭的石阶拾级而上，石阶上不时窜出一两只可爱的小松鼠，

它们一点儿也不怕人,有的就站在路边看着行人通过,好像在说:"欢迎你们来我家做客!"石阶两旁的红松又粗又直,就像是孙悟空的金箍棒,直插云霄。要知道,人民大会堂的 13 根基柱就是由这里的红松制成的呢!一路上,我们还看到了许多惟妙惟肖的奇石景观,都是天然形成的,有的像菩萨诵经,有的像大海龟,还有的像一头大水牛……,不知不觉就来到了山顶。

山顶上的观光塔高耸入云,是观赏林海的绝佳地点。我们登上观光塔,塔顶的风特别大,从我们耳边呼啸而过,从塔上往下望,汤旺河的原始森林尽收眼底,仿佛一片辽阔的海洋,绿色的波浪随风起伏,真是碧波荡漾,蔚为壮观。

这就是美丽的汤旺河林海奇石公园。在这里,我感受到了祖国山河的壮美,感受到了人与大自然的和谐。同学们,你们是不是也想去汤旺河感受一下林海奇石的魅力呢?

# 丰富多彩的暑假

时间过得真快呀！一转眼，暑假已经过了一大半。这个假期，我不仅参加了期待已久的军事夏令营，而且去了东北伊春，还完成了假期的学习任务，过得既充实又有意义。

## 军事夏令营炼能力

假期刚一开始，我和几个同学就相约参加了一个军事夏令营。我之前从没有参加过这样的活动，这是我第一次离开家，独立生活，刚开始心里还有些紧张，但是夏令营有趣的生活让我很快放松下来。

在夏令营的5天中，我练习了站军姿、走队列，体验了负重徒步5公里，学会了叠豆腐块儿、简单的自救和蔬菜发电，我还和同学们打了水仗，玩了真人CS，参观了水生动植物救助基地和航空博物馆……，通过这次夏令营，我的独立生活能力和不怕

吃苦的精神都得到了很大的锻炼,我还感受到了集体生活的乐趣。

## 饱览祖国好风光

8 月中旬,爸爸、妈妈利用年休假带我去哈尔滨和伊春。在哈尔滨,我们参观了圣·索菲亚大教堂,这是一种拜占庭式的建筑,洋葱头屋顶是其最大的特色。我们还看到了世界上最大的老虎——东北虎,品尝了著名的马迭尔冰棍儿。

在哈尔滨短暂停留后,我们坐着即将消失的绿皮火车来到了伊春。伊春是我国的林都,森林覆盖面积高达 98.8%。在伊春,我们参观了汤旺河国家公园和五营森林公园。我第一次看到了林海,茂密的森林就像一片绿色的海洋,微风吹过,树叶一动,仿佛层层叠叠的波浪。伊春与俄罗斯接壤,祖国北方的这个小城,让我饱览了祖国的大好河山,看到了祖国的发展进步。

## 坚持学习不放松

假期中,我坚持学习。刚一放假,我就根据老师布置的暑假作业,制订了学习计划,利用假期这段时间,复习了三年级下学期的课程,预习了四年级上学期的课程,还参加了暑假数学班,并没有因为放假就放松了学习。

读万卷书,行万里路。我感觉假期是一个让我们放松身心、查缺补漏、走遍祖国的好机会。我的暑假生活是多彩的,是充实的。同学们,你们的暑假生活是什么样的呢?

## 妈妈说 家庭教育与学校教育应该拧成一股绳

很多家长可能会纠结，家庭教育和学校教育到底是什么关系？究竟该以学校教育为主，还是以家庭教育为主？作为家长，往往希望学校和老师能够多尽育人之责；而作为学校和老师，又何尝不是希望家庭教育能够更加给力呢？所以，我倒觉得没必要过于纠结，因为无论是家庭教育还是学校教育，两者的目标都是一致的，那就是要把孩子培养好、教育好。

举一个简单的例子，如果把家庭教育和学校教育比作牵引孩子前进的两根绳子，最初的牵引方向一致（因为两者有共同的目标），那么，如果在牵引的过程中，只有一根绳子用了全力，另一根绳子只用一部分力，或者根本不用力，那么显然，孩子前进的速度就不会像两根绳子都用尽全力那么快；又如果这两根绳子之间出现了一定的角度，那么，孩子前进的方向就可能会偏离最初的轨道，最极端的情况是，如果一根绳子往东，另一根绳子往西，那么孩子到底该往哪边走呢？

这个例子可能并不十分恰当，但我始终认为，家庭教育和学校教育是缺一不可的，而且应该拧成一股绳，形成合力，朝着共同的目标努力，这才是对孩子最负责、最有效的教育。家庭教育和学校教育，这两者各有侧重，虽不能相互替代，但可以尽量协同。作为家长，至少我们可以在家庭教育方面尽可能多做一点。首先应当主动建立对学校和老师的信任，理解学校

的育人理念，配合老师的教学要求，对老师的辛勤付出给予充分尊重；其次是在家校配合的过程中，该主动的主动，该配合的配合，不需要太过于纠结两者的边界，哪些是学校该做的？哪些是家长该做的？一句话，做好自己该做的，需要补位又有能力补位的时候，则及时补位，尽可能少留些空白；最后，学校和老师，不仅是为国家和社会培养人才，也是在帮助我们每一个家庭培育下一代，所以，家庭和学校就好像是同一条战线上的"战友"，如何更好地协同作战需要不断地摸索，但彼此之间多一些沟通和理解，总是好的。

# 豆角变酸的秘密

"开饭了！酸豆角来了！""太好了，今天我要多吃半碗饭！"我特别爱吃姥姥泡的酸豆角，那又酸又脆的味道，让人想起来就忍不住直流口水。可是，豇豆角是怎么变酸的呢？真的像姥姥说的那样，用盐水泡几天就变酸了吗？我决定动手试一试。

头一回自己泡豇豆角，我心里既兴奋又有点儿紧张。我先把手洗得干干净净，然后按照姥姥教的方法，把泡豇豆角的玻璃坛子洗干净，再往坛子里倒入半缸清水，接着放入小半袋盐、少量白糖、白酒、几片生姜、几粒花椒和八角，等盐彻底融化以后，就把洗干净的豇豆角放进坛子，让盐水稍稍没过豇豆角，最后，把坛口的盖碗盖好，并在坛口的外檐内注满清水，起到保温和密封的作用。泡豇豆角的第一步就算是完成了。

接下来的两天，我每天放学回家第一件事儿就是来看豇豆角。透过玻璃坛子，我发现豇豆角和盐水都同以前不一样了，豇豆角的颜色先是从浅绿色变成了黄绿色，又从黄绿色慢慢变成了浅浅的土黄色，而豇豆角也好像是瘦了一圈儿，变得比以前更细了。姥姥说，那是因为豇豆角里的水分跑了出来，豇豆角收缩了。盐水也因此变得更多了，一开始只是刚刚没过豇豆角，现在比豇豆角大概高出2厘米了。我还发现，盐水也不像刚开始的时候那么清澈，而是变得浑浊了许多。

到了第四天,豇豆角终于泡好了。我的心里像打着小鼓似的，既想快点儿尝尝豇豆角是不是真的变酸了，又担心万一失败了怎么办? 我拿出一根泡好的豇豆角,迫不及待地咬了一口,"呀! 真的是又酸又脆，和姥姥泡的差不多呢! "通过查阅相关的书籍和资料，我知道了豇豆角变酸是由于在泡豇豆角的过程中乳酸菌发酵，产生了乳酸，而密封的坛子和盐水比较有利于乳酸菌的生长发酵，还能抑制其他霉菌的滋生，所以，盐水泡过几天的豇豆角会变酸，却不会变坏，而且温度越高，泡的时间越长，豇豆角就越酸。

通过这次自己动手泡酸豆角，我不仅发现了豇豆角变酸的秘密，而且更加爱上了酸豆角这道家常美食。姥姥把泡好的酸豆角切成丁，再配上红辣椒这么一炒，别提多好吃了，这也算得上是"舌尖上的美味"了吧。

# 会"飞"的猫

猫是一种既温顺又可爱的小动物，很多人都喜欢猫。老舍先生笔下的猫，既老实又贪玩，既淘气又尽职，性格古怪却又那么惹人喜爱。我的舅姥爷家里也有一只可爱的小猫，它时而乖巧地趴在沙发上呼呼大睡，时而淘气地和你躲猫猫，它还有"飞"出窗外抓麻雀的经历，它就是小灰。

小灰很英俊，它有一身浅灰的短毛，摸上去像丝绒一样柔软顺滑，它团成一团儿的时候就像一个灰色的大毛球，让人忍不住想抱一抱。小灰的眼睛是黄绿相间的，又圆又亮，就像两颗闪闪发亮的宝石。小灰的四肢强壮有力，走起路来很有节奏，就像一位在河边散步的绅士。

小灰很友善，它特别喜欢你帮它挠痒痒。饱餐以后，它就会四脚朝天地躺在沙发上，让你帮它揉肚子，揉舒服了，它就会发出咕噜噜的声音，或是打个滚儿来表示高兴，那舒服惬意

的模样，让人看了忍不住发笑。

　　小灰很有好奇心，它对一切新鲜的事物都很感兴趣，总是想弄明白是怎么回事儿。一个纸箱子就能让它玩上半天，电视的遥控器更是它最爱的玩具。有一次，阳台窗外的两只麻雀引起了小灰的兴趣。它先用前爪扒开了阳台的纱窗，然后蹲在窗户上观察，趁麻雀不注意，小灰纵身一跃，两只前爪扑向麻雀，可惜后爪没扒住窗框，麻雀没抓住，小灰却从四楼阳台"飞"到了一楼，多亏小灰的尾巴起到了平衡的作用，让它在这次冒险中只受了点儿轻伤。

　　这就是小灰，一只可爱又有好奇心的小猫，一只有着"飞"的经历的小猫，一只在我眼中最特别的小猫。

# 夜游夫子庙

夫子庙是南京最有特色的景区之一。一年一度的夫子庙灯会更是令无数游人向往。今年元宵节，我和妈妈一道夜游夫子庙，那灯火辉煌、一片繁华的景象至今令人难忘。

走进夫子庙景区，首先看到的是一条古色古香的商业街。街道的两旁有许多中华老字号的小吃店，南京的特色美食在这里几乎都可以品尝得到，有鸡汁汤包、桂花鸭、赤豆小元宵、鸭血粉丝汤……，听着就让人垂涎欲滴。许多游人都来这里一饱口福，每家店铺里都是灯火通明、高朋满座，热闹极了。

走到商业街的尽头，我们便来到了秦淮河的码头。首先映入眼帘的是河对岸一个巨大的照壁，照壁上的"双龙戏珠"灯在夜幕下显得格外栩栩如生。河岸两边各式各样的花灯更是令人目不暇接，有"孔雀开屏"灯、"金鸡贺岁"灯、"八仙过海"灯……，河面上穿梭的画舫也张灯结彩，就连岸边大树的树枝

上都挂满了彩灯，把整个夜空都照亮了。这大概就是传说中的"桨声灯影秦淮河""火树银花不夜天"的美景吧。

随着拥挤的人流，我们来到了码头东侧的江南贡院。这里是中国古代规模最大的科举考场，就相当于今天高考的考场吧。听妈妈说，这里产生了800多名状元。"状元及第"的牌坊最受欢迎，大家纷纷与其合影留念，期望学业有成。

从江南贡院出来，我们又来到了闻名已久的乌衣巷。夜幕中的乌衣巷并不十分引人注意，却因为刘禹锡笔下的一首《乌衣巷》为人们所熟知，"旧时王谢堂前燕，飞入寻常百姓家"，古朴的乌衣巷见证了时代的进步和人们生活的变化。

一路走来，人群、灯光、笑语、欢声，让我感受到了夫子庙的繁华，更感受到了蕴含在其中的历史和文化。

# 妈妈的"日记"

　　人间的真情有千百种，母爱是其中最平常也是最伟大的一种。我的妈妈平常工作比较忙，经常加班，她有一个写"日记"的习惯，无论多晚回家，第一件事儿就是拿起她的"日记本"，认真地翻看，晚上等我睡了，她就开始写"日记"了。原来，妈妈的"日记"就是一张张布置给我的家庭作业单。

　　从我上一年级开始，妈妈就把家里只用过一面的纸裁成小方块儿，用来给我布置家庭作业，每天一篇，即使是在假期或周末也不例外。妈妈的"日记"和普通的日记既有相似的地方，又有不同。妈妈的每篇"日记"上都有日期、星期几和天气，但妈妈总是只写出这些要素的英文首字母，后面留出空格，让我把整个单词补齐，通过这种方法帮助我加深对单词的记忆。妈妈的"日记"除了把每天家庭作业的内容逐条列清楚，有时还会写上"儿子,加油！""书写要工整哦！""祝你学习愉快！"

等这样鼓励的话。妈妈的"日记"很聪明，总能把学校的作业、课外班的作业、各科预习和复习安排得井井有条。妈妈的"日记"也很有趣，有时候只有一句话，"今天休息，好好玩吧！"

"柏源，今天在学校过得开心吗？作业写完了吗？""特别开心，作业都写完了，请首长检查！"这几乎是每天妈妈下班回家以后，我们之间最常见的对话。记得刚上一年级的时候，妈妈的"日记"让我觉得很新奇，那是简单的口算和写字练习，对我来说简直就是小菜一碟。随着年级的升高，妈妈的"日记"内容逐渐多了起来，作业的难度也大了起来，有时候我也会抱怨："今天的作业怎么这么多呀？"但是每当取得好成绩的时候，我却打心眼儿里感谢妈妈的"日记"。今年9月，我上四年级了，妈妈开始带着我一起写"日记"，让我主动地规划自己的学习，提升我对学习的主动性。

深夜书房的灯光里，有妈妈写"日记"的身影，如果赶上要出差，妈妈就会提前写好几天的"日记"。从一年级到现在，妈妈的"日记"摞在一起，差不多有一尺高了。这一篇篇"日记"帮助我养成了主动学习、课前预习、课后复习的好习惯，也帮助我在学习上打下了一个好基础。妈妈每天坚持为我写"日记"，这看似一件不起眼的小事，却饱含着妈妈对我深深的爱和鼓励。现在，我也像妈妈一样，开始学着自己写"日记"了。

妈妈，谢谢您！

（本篇被《七彩语文》（中高年级版）2019年5月刊选用）

## 妈妈说　孩子的健康成长离不开家长的理性

一直很担心自己被当下孩子教育方面的大环境所裹挟。我常跟源爸开玩笑说，我想做家长大军中的一股清流，别人打鸡血的时候，我就佛系一点儿，别人佛系的时候，我就加把火。

常听到一种说法，每个孩子都是独一无二的个体，成长的路径也因人而异。这句话，既对又不对。一方面，我们的确得承认孩子之间的差异和不同的特点，这在一定程度上是由基因决定的，所以当我们在辅导孩子作业时，发出"这孩子怎么一点儿也不像我"的感叹时，其实，那没准儿正是因为孩子继承了我们的基因呢；另一方面，虽然每个孩子是不同的个体，有不同的特点，但孩子的健康成长都离不开父母对他们的理性判断和科学引导，所以孩子的个体差异性不能成为我们家长偷懒的理由。现在的孩子智力水平普遍较高，每个孩子其实都是很聪明的，那么为什么有的孩子很听话、很自觉，有的却很顽皮、很难管理呢？我想，可能还是由于我们缺乏对孩子及其成长阶段的理性认识和判断，也没有足够的耐心对孩子进行科学的引导。

我对柏源的基本判断是：勤奋、上进心强、有责任心、善良、讲道理。在家庭教育中，我们最关心的首先是孩子的安全和健康，其次是孩子的思想品行，然后才是孩子的学习成绩。无论什么时候，孩子的安全和健康始终是第一位的，没有安全和健康，

其他的都将不可持续，而这里的健康，不仅指身体健康，还包括心理健康。现在的孩子面临着越来越复杂的社会环境和越来越激烈的社会竞争，健康的心理，以及情绪的自我调节能力是必不可少的。在思想品行方面，我们和绝大多数家长对孩子的基本要求是相同的。在学习方面，我们更多的是帮助柏源从小养成一些好的学习习惯，摸索出一些适合他的学习方法，引导他把现阶段该掌握的知识学扎实、学透，在学有余力的基础上稍有提升。

柏源是个很感性、很善良的孩子，内心很细腻，很重感情。这样的孩子往往比较敏感，他的成长环境需要更多的理解和关爱，所以，我和源爸一直努力给他创造一个民主开放的氛围，让他时刻感受到父母的关心和爱，这样，在成长的过程中他也学会了关爱他人，为别人着想。

柏源还是个讲道理的孩子，这一点在我看来非常难得，无论什么事情，只要把道理讲清楚，他就会听。应该说，我们之间的沟通是非常有效的，而平等和尊重是有效沟通的前提。我和源爸非常尊重柏源，把他作为一个独立的个体来对待，而不会觉得他只是小孩子，天生应该听大人的。我想，健全的人格和健康的身心，应该比考试成绩来得重要吧。

# 第一次单飞

"出发！"随着教练的一声口令，我们开始了军事夏令营的生活。今年暑假，我和几个同学一起参加了为期5天的军事夏令营，那里有趣的生活之所以令人难忘，主要是因为，这是我第一次独自离家"单飞"。

记得第一天中午来到军事夏令营驻地。吃完午饭，稍微休息了一会儿后，便开始了军姿和队列训练。在教官叔叔的示范带领下，我们一遍又一遍地练习站军姿、走队列，虽然休息了好几次，但还是觉得很累。每当看到我们很吃力的时候，教官叔叔都会鼓励大家："别灰心，加油！"我们坚持完成了训练任务，虽然四肢酸痛，但也体会到了成功的喜悦。晚上，我们举行了联欢晚会，同学们争先恐后表演节目，我讲的笑话赢得了大家的喝彩。我和孟晓宇住一个房间，晚上躺在床上，我们都有点儿想家了，不过我们互相安慰、互相鼓励，很快就入睡了。

　　清晨，我们迎来了军事夏令营新的一天。在教官叔叔的带领下，我们整队来到操场跑步，早餐后便开始了令我们最激动的活动，那就是真人 CS。教官叔叔先将我们按身高分成两队，我们展开了歼灭战和夺旗战。我最喜欢歼灭战，带领我们队的教官叔叔，枪法别提有多准了，他不仅没有"受伤"，反而还歼灭了许多"敌军"，让我们队连胜了两局，有好多"敌军"都向我们投降了，真乃高人也！

　　接下来的几天中，我和许多原本陌生的同学成了好朋友，还体验了徒步 5 公里，打了水仗，学会了叠"豆腐块儿"和简单的自救，并参观了水生动植物救助基地和航空博物馆。

　　5 天的军事夏令营生活很快就到了尾声。通过这次独自离开家的锻炼，我不仅体会到了军事夏令营生活的酸甜苦辣，交到了新朋友，更学会了新本领，提升了独立生活的能力。（注：文中人名为化名）

# 智能小学的一天

2050 年 12 月 18 日，早上 7 点半，小未和小来两兄弟从自己家的阳台登上了新型太阳能飞行校车，在天空中"嗖"的一下，就来到了 YM 智能小学，开启了崭新的一天。

走下校车，小未和小来通过人脸识别系统走进校园。自从有了智能人脸识别系统，只要有人从校门口一过，就知道是不是陌生人。校园里可安全了，保安叔叔也不用在恶劣的天气里站在校门口了。

进入教室，小来打开课桌上的智能电脑，先是查看了今天的课程和作业，预习了当天的新课，又打开了智能点餐系统。"今天中午吃什么好呢？就选烤鸡翅和土豆烧牛肉吧。"一想到中午好吃的美食，小来忍不住咽了咽口水。

"丁零零……"，上课铃响了，语文李老师走进教室，跟在她身后的是发声机器人"知音"，知音可了不起了，它能感知人

的脑电波，可以模仿人的声音，把人大脑里想表达的话说出来。只听李老师说："开始上课！"知音便捕捉到了李老师的声音，接着说："同学们，从今天开始，我们进入期末复习。"那声音几乎和李老师的一模一样，自从有了知音，李老师的嗓子再也不会疼了。

中午，送餐机器人准时把同学们早上预订的午饭送到大家面前，汤再也不会洒了，菜再也不会掉在地上了，同学们还能天天吃到自己爱吃的菜。

下午的自习课上，同学们都在写作业。小未又把头低下来，眼睛离书本很近。"请注意写字距离。"智能护眼课桌一边提示，一边开始下降，直到小未把头抬起来，课桌才复位。不一会儿，课桌右上角的护眼台灯亮了，原来是它感应到光线不足，自动打开了。这样，同学们的眼睛就不容易近视了。

一天的校园生活结束了，小未和小来又坐上新型太阳能飞行校车飞回了家。姥姥、姥爷再也不用辛苦接送了，学校门口再也不会被挤得水泄不通了。

同学们，你们喜欢这样的智能小学吗？

# 感受古北

　　大年初五,爸爸、妈妈带我来到位于密云古北口的古北水镇。古北水镇背靠司马台长城,坐拥鸳鸯湖水库,是京郊难得的有着江南水乡风韵的好去处。而这次的古北水镇之行,让我感受最深的是这里科技与自然、历史与现代的完美融合。

　　你知道吗? 古北水镇里到处都充满了现代科技的气息。刚进景区大门,妈妈就告诉我:"柏源,这里根本不用门票,直接刷脸就行了!""真的吗? "我特别好奇,这可是以前在电影里才见过的场景啊,没想到这里也可以刷脸了。这里用了最先进的人脸识别技术,购票的时候,会顺便给游客拍一张照片,储存到人脸识别系统里,进景区的时候,只要通过系统比对识别,游客就可以快速通过,真是方便极了! 水镇里任何一家店铺,就连卖烤地瓜的小店铺都可以使用微信支付。爸爸说,只要带着手机就能走遍整个水镇了。晚上的灯光水舞秀也让我非常震

撼，那是一场把灯光投影到古典阁楼上的表演，喷泉伴随着音乐翩翩起舞，让观众觉得身临其境，充分感受到科技创造的美感！

你知道吗？古北水镇保留着原始的自然风貌，传承着历史文明，古朴的青石板小路、错落有致的灰砖瓦房，要不是结冰的河水透露出这是冬天的北京，人们会以为这里就是江南的一座小镇。司马烧酒坊还在采用古法酿酒，织染布坊也在传承着扎染的技艺，还有剪纸、灯笼、风筝、年画、布鞋、杆秤等手工制作，到处都体现出对历史的尊重。在这里，我们还饶有兴趣地观看了皮影戏，听了京剧。

你知道吗？春节期间来古北水镇旅游的人非常多，大家都在尝试这种新的团聚方式，妈妈说，这是现代观念与传统习俗的结合。这里不仅有不同风味的中餐厅，还有牛排馆、酒吧、咖啡厅……，满足中外游客的需求，看来肉夹馍和汉堡包并不矛盾！

这就是我眼中的古北水镇，一个既有传统味道又充满现代气息的地方，一个见证中华历史，展现祖国进步的地方。我想，我还会来这里。

# 向日葵的启示

"花开能向日，花落委苍苔"，这是唐代诗人戴叔伦眼中的向日葵，他一语道破了这种植物的特点，那就是向日葵总是向着太阳生长，无论太阳到哪儿，它那金黄色的笑脸就朝向哪儿！

向日葵为什么总是朝着太阳生长呢？原来，这是植物的向光性。向光性是植物感受到阳光刺激后的一种反应，植物体内分泌一种生长激素，这种生长激素在植物背光的一面分泌得多，因此，背光一面的茎叶长得就比向光一面快，使植物朝向太阳的方向微微弯曲生长，这一特性能够让植物获得更加充足的阳光，进行光合作用，从而长得更加茂盛。向日葵就是植物向光性的典型代表。

根据植物的向光性，人们发明了可旋转的太阳能板。这种太阳能板可以跟着太阳的方向旋转，从而储存更多的太阳能，为人类所用。

　　向日葵的这种特性也告诉了我，在成长的道路上要乐观向上，充满自信和希望。今年年初，我参加了"迎春杯"的大师赛，其中有一项操作考试是魔方复原，我玩过魔方，却从没有复原过。我咬着牙一点一点从头学起，花了3天时间，终于学会了所有的步骤和公式，可是由于不够熟练，比赛时没能在规定的3分钟内完成复原。比赛结束后，我并没有放弃，而是继续练习，终于将复原的时间缩短到了1分半钟。虽然没能赢得比赛，但是多学了一项技能，我也特别开心。

　　这就是向日葵、大自然给我们的启示。大自然就像是人类的老师和朋友，总能让我们从中获得启示和收获。

### 爸爸说　信心无价　勤奋无敌——给柏源的颁奖辞

柏源：

　　从报名到参赛短短10天的时间，你用勤奋的精神、刻苦的努力，为自己赢得了一枚铜牌。

　　比铜牌更重要的是你收获了自信。在爸爸、妈妈看来，这枚铜牌比金牌更珍贵，因为你基本没有经过系统的赛前训练就直接参加比赛，魔方和叠杯甚至是从零学起，相比其他经过长期集训的同学来说，基本可以算得上是"裸考"了。但是，你通过自己的努力，获得了一枚铜牌，并且在第二试中表现优异，还取得了自己还原魔方的最好成绩。所以，我们认为，这枚铜牌更显得来之不易，它充分体现了你的努力和自身的实力。

这两天中有两个场景，特别令爸爸、妈妈感动。一个场景是在到达酒店房间后，你和同屋的同学主动拿出习题，关上房门开始备战。另一个场景是两场比赛间隙，别的同学都回房间休息，而你和同屋的同学却带上魔方在赛场外加紧练习。

"莫道君行早，更有早行人"，通过这次比赛，你开阔了眼界，相信你的目光已经不仅仅局限在你们班、你们年级、你们学校，而是放眼全国，看到了许多和自己一样为理想而努力奋斗，甚至比自己更早起步、更加努力的同龄人。通过这次比赛，你再次体会到了只有付出才有收获，只有付出的更多才可能有更大的收获。

爸爸、妈妈由衷地祝贺你！不仅是为这眼前的、即将成为历史的铜牌，更是因为我们看到你已经结交了两个终生的挚友，它们是信心和勤奋，它们会陪伴你在今后成长的路上收获一枚又一枚成功的奖牌！

爸爸、妈妈

2018 年 2 月 4 日

# 艾蒿的启示

春天，是一个春回大地、万物复苏的季节。一想到春天，大家的脑海里一定会浮现出一幅多姿多彩的画面。然而，春季也会出现过敏的现象，让大家的春天不再那么有趣。

前年春天，我偶然得了花粉过敏症，身上起了好多红色的小斑点，眼睛也有些红肿。我吃了好多脱敏药，看了好几次医生，但都不见好转，姥姥、姥爷看了很是着急。"要不用艾蒿试试，小时候，我的妈妈就为我把艾蒿挤成汁，涂在身上止痒，效果可好了！"姥姥说道。"对呀！"姥爷说干就干，姥姥和姥爷先把艾蒿剪成小段，洗净后煎水，然后放凉装入瓶中，为我涂在大腿和胳膊上，连续涂抹了几天，过敏的症状就全好了，我感到很神奇："这种东西为什么能治过敏呢？"

带着这个问题，我去查了资料，原来艾蒿又名艾草、香艾等，它有浓烈的香气，可以预防蚊虫叮咬。艾蒿还可以入药，有驱寒、消炎、止咳平喘的功效，它还可以制作艾灸……难怪人们都说："艾草是个宝，治病不能少！"

　　艾草虽然很普通，它不像牡丹那样艳丽，也不像灵芝那样名贵，却有如此多的功效，它告诉我们，平凡的人也可以做出精彩的事。

# 体育节的收获

最近这段时间，很多人都在为我们学校一年一度的体育节忙碌着。老师们不辞辛苦，为我们设计开幕式的表演；同学们团结一致，利用休息时间认真排练；有的同学家长尽己所能，帮忙订购表演的服装……为了这次体育节，大家心往一处想，劲儿往一处使。在我的身边就有这样一位同学，他为了集体的荣誉，轻伤不下火线。

一天中午，大家紧紧张张地吃完饭，准备抓紧时间去排练。在下楼的时候，只听"哎哟"一声，原来是我们班的黄晓滨摔到了，只见他紧皱着双眉，一看就是很疼的样子。同学们赶紧围过来，"黄晓滨，你没事儿吧？""没事儿，没事儿，就是刚才走得太急，不小心踩空了！"毕老师赶过来关切地问："怎么样，脚能动吗？找两个同学扶你去医务室吧？""毕老师，我没事儿，可能是脚崴了，不用去医务室了，大家去排练吧，别因为我一个人耽误了大家的时间！"黄晓滨坚强地说着，硬是忍着疼痛参加了排练。

第二天中午，又该去排练了。"黄晓滨，你的脚不方便，今天就别下楼去排练了，我找一个同学替你去，回来再把动作和要求告诉你。"毕老师说。"谢谢老师，我没事儿，我自己能下楼，不然太麻烦那位同学了，而且我怕我自己动作不熟练，会拖咱们班的后腿。"就这样，在脚受伤期间，黄晓滨都坚持和我们一起参加排练，一天也没有落下。

通过这件小事，让我看到了黄晓滨身上坚强勇敢、珍惜集体荣誉的品质。通过参加体育节的活动，我还看到了老师和同学们身上很多优秀的品质，例如，精益求精、团结互助、永不放弃等。我想这是这次体育节带给我的又一个收获。（注：文中人名为化名）

# 生命的启示

　　2016 年 4 月，身体一向健康的姥爷被检查出得了肺癌。这突如其来的消息仿佛五雷轰顶，让全家人伤心欲绝、不知所措。那段时间，姥爷消瘦地躺在病床上，姥姥也因为着急病倒了，全家人的脸上都没了笑容……还记得姥爷做手术的那天，我看着姥爷被推进手术室，心里真的很害怕，怕姥爷永远离开我们，当手术室的门关上的那一刻，我想，生命真是太脆弱了，姥爷一直挺健康的呀，怎么会这样呢？

　　幸运的是，手术非常成功。姥爷非常坚强，非常乐观。别人都很忌讳在他面前提到"癌"这个字，他却很坦然。他常说，癌症并不可怕，只要我们勇敢面对、永不放弃，就一定能战胜这小小的癌细胞。就这样，姥爷经过 1 次手术，5 次化疗，住了 5 个多月的医院，终于出院了，全家人脸上的笑容也都回来了。姥爷这种对生命永不放弃的精神让我深受感动。

出院以后，姥爷更加热爱生活，每天规律作息，坚持锻炼，还经常陪姥姥去公园散步，玉渊潭、陶然亭、植物园……，都留下过他们的身影。姥爷从没把自己当成病人，每天都做很多自己力所能及的事，买菜、做饭、接我放学……，他还学会了用软件剪辑视频和制作照片，看着姥爷的气色越来越好，人也越来越年轻，我不禁感叹，生命是多么顽强啊！

　　生命是脆弱的，我们每个人都应该珍惜生命；生命也是顽强的，只要我们永不放弃，就是对生命最大的尊重！

# 捉麻雀

我爷爷在京郊的乡下有个小院儿，那里风景优美、空气清新。院子里就有爷爷、奶奶种的玉米、花生和南瓜。夏天的清晨，总有小鸟欢快的歌声把我从睡梦中叫醒。乡村生活对我来说总是那么新奇、那么有吸引力，记得有一次，爷爷带我捉麻雀，真是有趣极了。

那是去年暑假的一天下午，太阳像个大火球似的挂在空中，知了在树上不停地喊着热。"哎哟，你瞧瞧这好好的玉米，都让麻雀给啄坏了！"厨房里传来奶奶的声音。我跑过去一看，玉米身上果然是"伤痕累累"。"柏源，捉过麻雀吗？咱们给奶奶帮个忙好不好？"爷爷笑着对我说，我马上来了兴趣。在爷爷的指点下，我先把面包屑放在一个小碗里，再将小碗放在院子里的一块大石头上，然后，我和爷爷就静静地躲在远处观察，一动也不敢动。不一会儿，就有一只小麻雀朝那块大石头飞去，我心里暗暗高兴："太好了，小麻雀上钩了！""爷爷，准备行动！"我小声对爷爷说道。我踮着脚尖，小心翼翼地向大石头走去，没想到小麻雀只是机警地朝碗里看了一眼，并没有吃面包屑，反而发现了我，就慌慌张张地飞走了。我不甘心，决定再试一次，这次绝不会再把小麻雀吓跑了。

淘气的我又有了主意。这一次，我往面包屑里滴了几滴爷爷的二锅头，我想，这回小麻雀吃了以后肯定就醉了，跑不了了。"爷爷，这回我们一定能抓着小麻雀！"我自信地说。"嗯，没问题！"爷爷一边说一边在大石头上撒了些米粒。过了一会儿，果然有三只麻雀落在了大石头上，这次我和爷爷可不敢轻举妄动了，只见它们在大石头上啄了一会儿就飞走了，我赶紧跑过去一看，原来它们只吃了米粒，我精心准备的"大餐"，它们却一点儿都没动。此时，我头顶上传来一阵叽叽喳喳的叫声，几只麻雀在空中盘旋，好像在说："哈哈，我们才不会上当呢！"

这次捉麻雀的行动以失败告终，我心里有点儿遗憾，但更多的是快乐，遗憾的是没抓着啊，快乐的是乡村生活真是太有趣了，让我体会到了不一样的童年生活的乐趣。

# 她，让我敬佩

她，工作认真负责，经常加班到很晚；她，勤奋上进，工作之余还不断学习；她，关心家里的每一个人，尤其是关心我的成长……她，就是我的妈妈，是我最敬佩的人。

我的妈妈是一名公务员，她平时工作非常忙，晚上经常加班。有一天深夜，我一觉醒来去上洗手间，发现客厅的灯还亮着。"妈妈,您怎么还没睡呀？""妈妈正赶一个材料,明天开会要用，你快睡, 儿子！" 妈妈经常在我睡了之后开始加班，很晚才能休息。听姥爷说，妈妈因为工作出色，两次荣立"优秀公务员"三等功。妈妈还特别勤奋上进，她一边工作一边攻读了博士学位，经过 6 年的努力，她终于成为一名博士。

我的妈妈关心家人，更关心我的成长。记得今年 1 月份，我获得了参加"迎春杯"全国个人大师赛的机会。拿到参赛通知一看，有一项竞技活动是三阶魔方复原，可我根本没怎么玩过魔方，更别说复原了。"妈妈，怎么办呀，竞技的分可是要计入总成绩的！"我着急地对妈妈说，就像热锅上的蚂蚁。"儿子，没关系，我们现在学也来得及呀！"在妈妈的鼓励下，我每天抽时间加紧练习，可是有一个地方总也复原不了。晚上等我睡了，妈妈专门上网对照魔方复原的视频一遍又一遍地学习，终于把难点弄明白了。第二天一早，我得知妈妈为了学会这个难点再教我而熬夜的时候，我的眼圈红了。

妈妈的这些优秀品质时刻激励着我，带给我正能量，让我发自内心地佩服她，我也要继续努力，向妈妈学习。

# 腹有诗书气自华

## ——观《中国诗词大会》有感

  我特别喜欢《中国诗词大会》这个节目，从第一季一直追到第三季，这个节目让我深刻地感受到了中华古诗词的美。在观看的过程中，我时而随李广和卫青镇守阴山、抗击匈奴；时而随李白举起酒杯、邀月共饮……这个节目也让我明白了"腹有诗书气自华"的道理，参加诗词大会的许多选手，不仅学识渊博、才华横溢，而且品格高尚，其中有3位选手令我印象尤为深刻。

  第一位，是一个只比我大7岁的高中生，她叫武亦姝。在舞台上，她沉着、冷静，凭借着强大的诗词储备和淡定的心态，成为第二季的总冠军；在舞台下，她沉浸在对古诗词的热爱中，勤奋刻苦地背诗，陆游的《放翁词》是她的最爱。也许人们只看见她在舞台上轻而易举地战胜对手，却看不到她在深夜里埋头苦读的身影。她的这种勤奋执着的精神，让我想起了自己。一年级的时候，我曾报名参加了一个击剑班，刚开始还挺有兴趣，可是由于训练的地点离家太远，训练强度又大，就放弃了，现在想想真是不应该。从武亦姝的身上，我看到了勤奋和坚持散发的光彩。

第二位，是一位不惧病魔、笑对人生的阿姨，她叫白茹云。她身患淋巴癌，却在化疗期间把《诗词鉴赏》一字不差地背了下来。诗词让她在面对常人难以想象的困难时，却依然阳光、自信，真是"千磨万击还坚劲，任尔东西南北风"！从她的身上，我看到了坚忍散发的光彩。

第三位，是一位外卖小哥，他叫雷海为。他是第三季的总冠军，他热爱古诗词，总是利用送快递之余的时间背诗。他工资不高，就到书店把诗背下来，回家再默写到纸上。"千淘万漉虽辛苦，吹尽黄沙始到金"是他的座右铭。从他的身上，我看到了平凡和执着散发的光彩。

《中国诗词大会》这个节目和参赛的选手们让我明白了，一个人外在的美，并不是真正的美，只有通过努力，使自己成为一个学识渊博、品格高尚的人，这才是内在的美、真正的美。

# 迷人的泸沽湖

今年暑假，我和班里的几个同学一起参加了达祖小学公益夏令营，我们的营地就在位于云南丽江的泸沽湖畔。泸沽湖是云南海拔最高的湖，它在纳西族摩梭语里的意思是"山沟里的湖"。泸沽湖的景色非常迷人，算得上是我见过的最美的湖了。

泸沽湖很大，一眼望不到边，我们需要爬到湖边的山顶上才能看到它的全貌。记得刚来的时候，我们乘坐的大巴车沿着湖边开了一个多小时，才刚走了它周长的一半，可想而知它有多大了！

泸沽湖的水非常清澈，湖面非常平静。走近湖边，可以非常清楚地看到湖底的沙石和水草。从远处望去，整个湖面就像一面大镜子。晴天的时候，一缕阳光透过迷漫的云层照在平静的湖面上，顿时波光粼粼，仿佛点点星光在闪烁；雨天的泸沽湖也别有一番风味，虽然没有晴天的湖光山色，但一个个大小不一的雨滴落在湖面上，泛起一朵朵水花，漾出一圈圈波纹，那种朦胧的意境，毫不逊色于泸沽湖晴天的美，随着波纹渐渐消失，湖面又恢复了平静。

泸沽湖风景如画、物种丰富。绿色的草木、蓝色的湖水和五颜六色的野花，在蓝天白云的映衬下真是美不胜收。湖岸两边的物种非常丰富，长满了不知名的野草、小花和菌类，两岸的山上还有许多中药材，山中的野草莓更是香甜美味。清晨云雾缭绕，整个泸沽湖就如同仙境一般。

泸沽湖为什么这么迷人、这么美呢？除了因为它地理位置优越，更重要的是得益于当地的人们对它的保护。而泸沽湖也回馈给了人们美丽的景色、清新的空气、宜人的气候和丰富的物产。真希望泸沽湖就这样一直美下去。

### 妈妈说　给柏源的一封信——写在达祖营地行前

柏源：

你好！这是你第一次参加蒲公英的营地活动，妈妈相信，这几天你一定过得非常开心，非常充实！

还记得报名达祖营地活动之前填写的那份调查问卷吗？其中有一个问题——是什么吸引你想去达祖营地？记得你当时填写了三个理由，一是可以感受在北京感受不到的东西，例如古老的纳西文化、泸沽湖的风景、仰望星空、森林徒步等；二是可以结识很多达祖小学的新朋友，了解他们的学校生活，还能

去他们的家里看看，以后回到北京，可以和他们通信；三是有很多自己做决定的机会，例如自己坐飞机，自己制订营规。妈妈很高兴你对这次行程有自己的期待。

这几天你体会到了你所希望体会和了解的东西了吗？那些不一样的生活和风景，那些新的朋友，那种独立自主的成长体验？我想，你一定或多或少有所收获。这次营地活动，将不仅是你成长路上的一次难忘的记忆，更是你认识生活、认识社会、认识大自然的一次难得的机会。

当你读到这封信的时候，是不是已经到达祖小学新朋友的家里去拜访过了？他们的生活和你在北京的生活是不是很不一样？你看到了什么？又想到了什么呢？

你可曾想过，为什么当地生活条件那么艰苦，人们的脸上却依然洋溢着充满希望的笑容？为什么他们不愿放弃自己的家乡，到城市里生活？为什么不仅他们不愿离去，还有从全国各地赶来"吃苦"的志愿者？他们在坚守着什么？他们又在努力着什么？

你可曾想过，虽然他们的生活很贫困，他们的内心却是那么的富有！他们有不畏艰难困苦的意志，他们有乐观向上的精神，他们勤劳，他们乐观，他们执着！

也许我们觉得吹着空调很凉爽、很舒服，却不知道呼吸着纯净、自然、清新的空气是多么幸福。

也许我们觉得住着高楼大厦的感觉很棒，却不知道在美丽的泸沽湖上泛舟有多么惬意。

也许我们觉得坐着汽车出行很快、很便捷，却不知道在耀眼的星空下漫步是多么难得。

也许我们觉得人工智能很高科技，却不知道也许古老的纳西文化中就蕴藏着人类社会繁衍进步的秘密……

柏源，你们是幸运的，你们的生活条件已经足够优越、足够好，人类文明进步的成果在你们的生活中广泛应用，而达祖小学的同学们要想改变他们的生活，需要付出比你们这些生活在大城市的孩子们更多的努力！他们不仅要赶走贫困，还要肩负起传承和发扬纳西文化、保护生态环境的重任！

说到这里，真应该好好感谢那些可敬又可爱的志愿者们！他们带给达祖的不仅仅是物质上的帮助，更是一种精神、一份希望！是他们，打开了这个偏远的小村庄通往外面世界的大门；是他们，给当地的人们播种了既改变现状，又尊重历史和自然的希望！妈妈多盼望，等你长大以后，也能成为像他们一样的人，为一个真正有需要的地方，为一群真正有需要的人，尽一份力！也许不是达祖，但一定是这个世界上真正需要光亮的角落。

你也可以想一想，这短短的几天，你能为这里和这里的人留下些什么呢？

不知不觉说了这么多，最后，要感谢这次达祖之行，相信你的内心会受到触动；要感谢蒲公英的老师们，因为他们给了妈妈一个静下心来，和你用笔交流，更是用心交流的机会；要感谢爸爸，因为他把写信的机会让给了妈妈。

柏源，全家人都真诚地期待你平安归来，期待你滔滔不绝地分享你的见闻和感悟，期待你展示精彩纷呈的营地日志，期待你突然间的长大，更期待你从此开启更加自信、勇敢和豁达的人生！

祝未来的几天、几年乃至几十年，你都平安快乐，有所收获！

妈妈搁笔

2018 年 7 月 29 日

# 御风而行

## ——五年级的探索

# 一缕书香伴我成长

打开一本书，你能闻到笔墨的气味，读着读着，那笔墨的气味渐渐淡了，取而代之的，是书中精彩的片段化成的一缕书香。你也会随着这书香的变化时而捧腹大笑，时而泪如雨下，时而又浮想联翩……书中本没有香气，只要你认真地把感情融入其中去读，你就会发现那书香，书香伴随我成长。

记得小时候，我认字不多，最喜欢让妈妈给我读故事，《小马过河》《皇帝的新装》……，书中有趣的故事情节吸引了我。直到有一天，我忽然发现书中许多字我都认识了，从妈妈"给我读""带我读"逐渐变成了"我自己读"。从此，书的大门才真正向我打开了。

三年级时，我读书的欲望和对书的喜爱更加强烈了。每当周末爷爷、奶奶问我想去哪儿玩，我脱口而出的就是"图书大厦"。记得有一次，我在书店看书时不小心把一本书撕掉了一

个小角，爸爸告诉我，既然我不小心撕掉了一角，我们就应该把书买下来。起初，我有些不情愿，心想，反正别人也不知道。但爸爸说："读书的目的就是为了让我们学知识、养品行。"随着年龄的增长，我越来越明白了做一个诚实的人、一个敢于担当的人比什么都重要。

渐渐地，故事书和动画书已经不能满足我求知的欲望了，我又迷上了科普书。如果说，我在故事书里领悟到了许多做人做事的道理，那科普书就丰富了我的知识和见闻。在书中，我仿佛来到了战场上，亲眼见到了胜利的旗帜，亲耳听到了战机的轰鸣；我仿佛随着"潜龙三号"潜入海底，亲自探究深海的奥秘，亲眼见到那些在纪录片里才能看到的神奇物种；我又仿佛来到了远古时期，亲眼见到了恐鳄与霸王龙在水中搏斗，亲耳听见了窃蛋龙偷走龙蛋后龙妈妈那悲愤的吼声……

书，能带给我们知识和力量。同学们，就让一缕书香伴随我们成长吧！

## 妈妈说 短期收益还是长期投资，你怎么选？

五年级下学期的时候，一个偶然的机会，柏源开始了每周3小时的阅读课，一直坚持到现在。身边有不少朋友让我推荐课外班，我推荐了这个阅读班，但最终没有一位朋友愿意每周花一个下午的时间让孩子阅读。当然，阅读是一种习惯，点滴的时间都可以利用起来，但是现在孩子们的课余时间是何其宝贵，仿佛只有用语数英来占满才不算是浪费。

对于我来说，短期投资的收益是成绩，长期投资收获的是素养，在短期收益和长期投资之间，我当然更看好长期投资。阅读量的积累是需要时间的，阅读质量的提升也是需要思考和交流的。所以，在柏源有限的课余时间里，我很大方地让阅读课占据了周末的一个半天，不觉得心疼，反而为自己的逆流而上感到些许开心。

愿年少的阅读时光，能够成为柏源一生的回味，也希望阅读能够成为伴随他一生的朋友，孤独的时候给予温暖，艰难的时候带来力量！

# 过江方式看家乡

我的家乡武汉，自古便是华中重镇，九省通衢。她素有"江城"之称，长江和汉水把她分成了汉口、武昌和汉阳三镇。千百年来，无论时代怎样变迁，如何过江都是影响着人们工作和生活的大事，而我对家乡感触最深的也要数人们过江方式的变化了。

很久以前，人们只能靠摇橹摆渡横渡长江。那时候，人们过江要花差不多两个小时的时间，后来有了轮船，人们过江的时间减少了一半还多。直到1957年，一桥飞架南北，天堑变通途，万里长江第一桥——武汉长江大桥建成通车，人们终于结束了靠船过江的历史。

武汉长江大桥总长1670米，上层是公路，下层是铁路。汽车从桥上通过，只需要10分钟。晚上灯火齐明，美丽的长江大桥就像一条闪光的钢铁巨龙，横卧在江面上。此后，武汉又陆续在长江上建设了10座跨江大桥，有武汉长江二桥、白沙洲大桥、天兴洲大桥等，方便人们出行。

　　到了半个世纪后的 2008 年，武汉长江隧道正式通车，人们可以从江底隧道过江了。今年的国庆节，我国首个江底双层隧道——武汉长江公铁隧道正式通车了，这也是国内直径最大的江底隧道，它分为上下两层，上层是汽车道，下层是地铁，人们可以乘坐地铁来个愉快的"江底自由行"了。

　　从摇船摆渡到跨江大桥，到穿江隧道，再到公铁两用隧道，渡江方式的改变，不仅让人们感受到社会发展和科技进步带来的便利，更见证着我的家乡武汉日新月异的变化，充满了现代化的气息。

　　这就是我的家乡——武汉，一座历史悠久、美不胜收的文化古城，一座飞速发展、日新月异的科技之城、智慧之城。每次回到家乡，我总有机会感受到过江的便捷，我为家乡和家乡的变化感到骄傲与自豪！

# 健康卫士——餐具干燥消毒机

　　我家有一台餐具干燥消毒机,别看它个子不大,却方便实用,就像一个忠诚的卫士,守护着全家人的健康。

　　餐具干燥消毒机,顾名思义就是让餐具变得干燥,给餐具消毒的机器。它看上去像一个透明的箱子,大小跟微波炉差不多。它的底座是蓝色的,箱体和翻盖是透明的,让人一眼就能看到里面排列整齐的餐具。也许你会问,餐具的大小和形状都不同,怎么能排列整齐呢?原来,箱体里还有一个不锈钢的餐具栏,餐具栏的设计非常巧妙,通过不锈钢条之间的间隔和弧度的不同,来满足各种餐具的摆放需要。餐具栏的一角还有一个筷子栏,这样筷子和勺子也有自己的家了!

　　餐具干燥消毒机非常实用,它有两大功能:烘干和消毒。我们都知道,洗干净的餐具通常带着水,如果用抹布擦干,很可能造成二次污染。有了餐具干燥消毒机就不用担心了,它通过 70℃的中温对餐具进行烘干，同时，通过紫外线消毒，臭氧杀菌，保证餐具的卫生。我姥姥对这个餐具干燥消毒机可是赞不绝口，她说："有了这餐具干燥消毒机啊，就不用担心碗筷没地方晾干了，还能当个小碗柜用呢，真是太实用了！"

餐具干燥消毒机的操作也非常简便。把洗干净的餐具放进去，盖好翻盖，然后把开关拧到需要消毒的时间，一般 30 分钟就 OK 啦！餐具干燥消毒机工作的时候，底部的紫外线灯发出浅蓝色的光，还能听到微小的"呜呜"声。30 分钟后，只听"叮"一声，工作就完成了，既干燥又干净的餐具就像等待检阅的士兵一样。对了，这会儿可别用手摸，还有点儿烫呢！

这就是我家的健康卫士，方便实用的餐具干燥消毒机！

# 8 角钱

8 角钱可以用来做什么呢？8 角钱也许只能买一块儿橡皮，或者一个生字本，又或者只能买一根棒棒糖……，8 角钱的价值并不高，可以买的东西也并不多，却能衡量出一个人的品格和精神。

"哗啦啦！"我一边将 8 角钱硬币投入 65 路公交车的投币箱里，一边对车上的安全员叔叔说："叔叔，上周六，我坐 65 路时，因为带的零钱不够，少交了 8 角钱，今天补上。另外，也麻烦您跟上周六当班的那位安全员叔叔转告一声，这是上次的车牌号！""这孩子，到底是怎么回事儿呀？"安全员叔叔听了我的话，好奇地询问起来。

事情是这样的，上周六傍晚下课后，我和妈妈像往常一样准备乘坐 65 路公交车回家。虽说还不到冬天，深秋的寒气也让人觉得冷飕飕的。我们等了 10 多分钟，才远远望见 65 路公交车缓缓驶来，我和妈妈不由分说赶紧上了车。妈妈有公交卡，正准备帮我投币买票时，突然发现零钱不够，我和妈妈翻遍了所有的口袋和钱包，只找到了1元2角钱，这可怎么办呢，我和妈妈心急如焚。车上的安全员叔叔把这一切都看在了眼里，笑着对我们说："没关系、没关系，小朋友就算了，不用买票了。""那怎么好意思，要不我们今天先交1元2角钱，下次再把8角钱补上！"妈妈一边说，一边让我把1元2角钱投进投币箱。我扯了扯妈妈的衣角，悄悄地说："妈妈，叔叔说我可以不用买票了，咱们就别投了吧？"可是，妈妈却十分坚定地说："那怎么行，叔叔信任咱们、帮助咱们，咱们自己更要自觉！"听了妈妈的话，我的脸一下就红了，赶紧把钱投了进去。下车的时候，我和妈妈再次向那位安全员叔叔道谢，并拍下了这辆65路公交车的车牌号——京ADK822。

今天又是周六，下午上课出门之前，我专门从存钱罐里拿出8角钱硬币，放进口袋里，还时不时地摸一下，生怕弄丢了。一下课，我就拉着妈妈，飞奔到65路公交车站。今天，我要把这8角钱还回去，于是，就有了开头的那一幕。"小同学，你放心，我一定帮你转告上周六值班的那位叔叔！"听了我的讲述，安全员叔叔向我点点头，目光中充满了赞许。还了这8角钱，我的心里觉得特别踏实，我还回去的是8角钱，收获的却是诚实守信、严于律己的品德。

 **松柏的启示**

　　小时候，我常问妈妈，为什么我的名字里有一个"柏"字？妈妈总是笑着告诉我："这是为了告诉你，要像松柏一样，做一个坚强不屈的人。"

　　在冬天，当其他的树木都被雪压得抬不起头的时候，只有松柏还挺立在雪地里；当其他树木的叶子都纷纷凋零的时候，只有那一根根松针还顽强地长在树干上，不惧风欺雪压，不畏风雪严寒。所以，生长在寒带高原的松柏，又和竹子、梅花并称为"岁寒三友"。

　　因为松柏在严冬也能生存，所以，一般松柏的寿命都很长，她象征着长寿和不朽，人们自古便愿意与松柏为伴。

　　松柏的精神始终告诫着我要做一个坚强不屈的人。一次体育课上，老师让大家练习鸭子步，一开始我还能坚持，可过了一会儿，我就渐渐感觉体力不支了，同学们一个接一个地超过了我，眼看我就要落到最后了，我产生了放弃的念头，可正当我想告诉老师，我跑不动了的时候，我想起了那傲霜斗雪的松柏和她那坚强不屈的精神，"一定要坚持住！"我的腿上仿佛又有了动力，我咬着牙，一口气冲过了终点。

在生活中，还有许多具有松柏精神的人，比如得了渐冻症的霍金、孤儿雷锋等，他们都有松柏的精神，坚强不屈，不向命运屈服。

"松柏之茂，隆冬不衰"，在今后的生活中，我一定要像松柏一样，做一个不惧风欺雪压、坚强不屈的人。

# 有一种爱叫放手

父母对孩子的爱有很多种表达。"慈母手中线,游子身上衣"是温暖慈祥的爱,"孟母三迁"是用心良苦的爱,"岳母刺字"是深明大义的爱……小时候,爸爸、妈妈对我的爱是无微不至的关心,转眼我已经 10 岁了,妈妈说,关在笼子里的小鸟永远长不成翱翔蓝天的雄鹰,爸爸、妈妈对我的爱也渐渐变成了放手,让我有更多独立锻炼的机会,让我变得更加自信。

从小到大,我已经乘过好几次飞机了,今年暑假的一趟航程却与以往不同,以往有爸爸、妈妈的陪伴,而这次却是我和几个同学作为无陪伴儿童,独自乘飞机去云南丽江参加达祖小学公益夏令营。其实参加这次夏令营,家里人的意见并不统一,一听说要独自乘飞机,还要在几千公里之外的云南独自生活七八天,爷爷、奶奶和姥姥、姥爷都不同意。"爸、妈,没关系,柏源已经这么大了,该出去锻炼锻炼了,老师也会随时在微信群里发图片信息的。"妈妈笑着说。爸爸也说,"爸、妈放心,我们还专门给柏源买了一块电话手表,随时都能知道他在什么位置。"就这样,爸爸、妈妈硬是顶住了"压力"。记得出发的那一天,爸爸、妈妈一边把我交给空乘阿姨,一边叮嘱:"柏源,一定要注意安全,照顾好自己啊!"就这样,我离开爸爸、妈妈,开始了八天七夜的独行。

这次达祖之行,让我收获满满。我看到了偏远贫困地区的孩子们艰难的生活,也看到了来自四面八方的志愿者不求回报,创办了达祖小学,教这里的孩子读书,我还和这里的孩子一起上英语课、诗词课,也学习了神奇的东巴文字……这里的条件很艰苦,能洗个热水澡已经算是非常奢侈的事。每天晚上,我都会把第二天要穿的衣服提前准备好,还得想一想,如果今天洗了脏衣服,有没有地方晾?大概什么时候能干?……这些问题都是我以前从没想过的。结营的那一天,带队老师交给我们每个营员一封信,读着妈妈的信,我鼻子一酸,眼泪忍不住流了下来,其实无论我走到哪里,爸爸、妈妈的爱和关心都从未离开。

今年国庆假期,我又独自参加了库布齐沙漠穿越活动,最难忘的沙漠夜行让我明白,"战胜自己,你会发现,漫漫长夜如同白昼,黑夜并不可怕"。爸爸、妈妈的放手,让我收获了很多、成长了很多,也让我感受到了他们更加深沉的爱。

### 妈妈说 给柏源的一封信——写在库布齐营地行前

柏源：

　　打开这封信的时候，请你回想一下，当你刚到营地，看到这无垠的大漠时，心中除了震撼和惊叹，是否还有些许的怀疑和担心，不确定自己能否用双脚丈量和征服这金色的沙海？！而当你完成了 12 公里的徒步，完成了独自一人的沙漠夜行，再回头看看那一串串坚定的脚印，你的心中是否充满了信心和力量！

　　库布奇是蒙古语，意思是弓上的弦。新月形的沙丘链、罕见的垄沙和蜂窝状的连片沙丘是库布奇原汁原味的自然奇景，还有大漠里的万里朝霞和浩瀚夜空，是否让你再次感受到了大自然的神奇和鬼斧神工？

　　站在一望无际的大漠里，坚硬凄冷的风从耳边呼啸而过，你又是否有种与历史对话、与自然对话的冲动？你可能想象，400 年前，这里，也曾是水草丰美的宝地，而无尽的战乱、过度地开垦，竟让那曾经的繁华变成了贫瘠的沙丘大漠，而唯一不变的，也许只有夜空中那一轮清澈的明月，从古到今照尽世事轮回。在历史与自然的面前，人类是何等的渺小与微不足道。

　　合上信纸，再抬头望一望大漠，把她的样子刻在心里，更要记住在这里看过的宽广，走过的路！

　　不知你的身体状况如何？行前的微恙，让妈妈多少还是有些担心。

　　期待你健康平安！期待你激情澎湃的分享！更期待你从此拥有更多自信、更开阔的胸襟和更无畏的勇气！

　　　　　　　　　　　　　　　　　　爱你的妈妈

　　　　　　　　　　　　　　　　　　2018 年 9 月 29 日

# 永不放弃

## ——读《一碗阳春面》有感

前段时间，我读了日本作家栗良平的小说《一碗阳春面》。小说描述了逆境中的母子三人同吃一碗阳春面，在艰难的岁月相互扶持、共渡难关的感人故事。故事中，母子三人面对困难时坚韧不拔和永不放弃的精神，让我深受感动。

"不要放弃，要努力，要好好活着！"故事中弟弟的这句话，给我留下了深刻的印象。尽管父亲因交通事故突然离开了，还欠下了八个人的债，但母子三人没有被困难吓倒，而是咬紧牙关、同心协力，妈妈拼命工作，大儿子每天送报纸赚钱，小儿子每天买菜做饭，终于还清了全部债务，两个儿子也通过努力获得成功。

的确，困难并不可怕，只要我们勇敢面对，永不放弃，就一定能够战胜它！今年国庆假期，我独自参加了库布齐沙漠穿越活动，其中的沙漠夜行最令我难忘。记得那天晚上，风冷得刺骨，我们依次出发，前一个队员走到几乎看不见人影了，第二个队员才出发。我是第二个出发的，刚开始背后还有起点处照来的灯光，后来就越来越黑，我心里害怕极了，恐怖片里的各种场景一个接一个地在我脑海中闪过，突然我脚下一滑，整个小腿都陷入了沙里，当时真想放弃呀，但我想到妈妈曾经告诉我，遇到任何困难都不要轻言放弃，我就给自己打气，手脚并用，奋力往上爬，终于爬上了沙丘，不仅看到了领队和队友，还看到了美丽壮观的银河，心里再也没有了恐惧，而是战胜困难的成就感！

我想，无论是沙漠夜行，还是面对学习、生活中的困难，我们都应该像故事中的母子三人那样，坚韧不拔，永不放弃！

 **上课**

"丁零零……"，伴随着清脆的铃声，同学们赶紧跑回教室坐好。"上课！"语文老师边说边走进了教室。"起立！老师您好！"随着同学们礼貌的问候，我们的语文课开始了。

"今天，我们学习《七律·长征》，请同学们先大声读一遍这首诗。"同学们打开书，认真地读起来，"红军不怕远征难……"，教室里传来朗朗的读书声，格外悦耳。

读完后，老师开始为我们认真细致地讲解这首诗。"这首诗

是我们中国的缔造者之一毛泽东的一首诗……"同学们大多数都在仔细地听讲，他们有的认真记笔记，有的目不转睛地盯着黑板，还有的跟着老师的思路不停思考。也有个别同学走了神，他们要么在玩橡皮，要么在书上画小人儿，要么时不时看着墙上的钟，盼着早些下课。

"老师再见！"不知不觉，一节课就过去了，有的同学收获了知识，有的同学却浪费了时间。

# 《俗世奇人》读后感

今年寒假，我怀着未知却又无比期待的心情，阅读了冯骥才先生的《俗世奇人》这本书。

《俗世奇人》是冯骥才先生的代表作，书里描写的是民国时期天津码头形形色色、五方杂处的手艺人，有"黑白分明"的刷子李，有"妙手接骨，必要七块"的苏七块，有力大如牛的张大力等许多身怀绝技的高手奇人。他们虽然都是平凡得不能再平凡的老百姓，可是大多数人都凭着自己的手艺和智慧在码头上立足，每个人身上都有不同的特点，他们的形象在冯骥才先生的笔下活灵活现、惟妙惟肖，鲜明而有趣。书中还有冯骥才先生亲手画的人物插图，配合插图再看书中的文字，这些人物就仿佛活了一样，读者也好像就在码头上，亲身经历了这些奇人奇事。

通过阅读这本书，我发现要想写出好文章，一定要仔细观察，

注重细节描写。书中无论是人物的外貌、语言还是动作，都描写得非常细致，例如，"这人足有六尺高，肩膀赛门宽，老脸老皮、胡子拉碴；那件灰布大褂，足够改成个大床单。"就连主人公大褂上的油都没能逃过冯骥才先生的眼睛，这些细节描写都是为了突出人物特点。有时我写作文，总觉得写出来干巴巴的。我想，还是自己平时观察和积累得不够，在写作文的时候也不够细致。这本书还有一个特点，就是描写很真实、很接地气，让读者觉得非常有趣，也仿佛身临其境。文中那些天津的方言特别有意思，相信天津当地的读者读起来，一定会觉得更亲切。

读完这本书，我想到了两句话，一句是"大隐隐于市"，另一句是"高手在民间"。我特别喜欢这本书的书名，码头这个地方，并不是什么高档的场所，却藏龙卧虎，有很多有本事的人。我想，冯骥才先生把这本书命名为《俗世奇人》，不仅仅是让我们看到人间百态，让我们为这些奇人异事捧腹大笑，更是要告诉我们，无论你在哪里，无论你做什么工作，只要你有本事、有智慧，把每件事做到最好，都可以活得很精彩。

# 假期趣闻一：拜年表情DIY

如果说春节是中华民族最重要的传统节日，那么拜年就是春节期间最重要的传统仪式。记得小时候，爸爸、妈妈总带着我去给长辈们拜年，但近几年，随着科技的进步，人们拜年的方式也发生了变化，从面对面拜年，到电话、短信拜年，再到微信、视频拜年。今年，我发现人们拜年的方式又有了新的花样，那就是DIY自己的微信表情来拜年，而且还是动态的，特别有意思。

"柏源，快来看，洪堡弟弟的表情好可爱！""呀，真的是洪堡弟弟！"洪堡弟弟是妈妈的好朋友——晓鑫阿姨的儿子，大年三十那天，晓鑫阿姨通过微信给妈妈发来洪堡弟弟的拜年头像，只见洪堡弟弟嘟着小嘴，头像两边各挂一串红灯笼，表情下方还写着"新年快乐"四个大字，特别喜庆。我一看就来了兴趣，怎么还能用自己的头像做成拜年表情呢？我和妈妈马

上研究,原来这是微信专门开发的一个春节表情特辑,里面有"新年快乐""好运连连""恭喜发财""招财进宝"等多个模板,制作方法也非常简单,只要先选中一个模板,然后对着自己的头像,自拍一个几秒钟的小视频,再保存下来,就完成啦!我选了一个"元气满满"的模板,对着自己的头像自拍了一小段,因为今年是猪年,我还特意加入了一个"小猪加油"的贴纸,这样就大功告成了!真是太棒了,我也有一个专属的拜年表情了,妈妈第一时间就把我的拜年表情转发给了家里的亲友,给大家拜年。

其实,不论是哪种拜年方式,都能让人们感受到过年的氛围,但新时代的这些新变化,却更是为传统的春节增添了一份现代的气息和乐趣。我想,不仅是拜年方式的变化,还有更多日新月异的变化等着我们。

# 假期趣闻二：把祝福包进饺子里

大年初一吃饺子是春节的传统习俗，特别是对北方人来说，家家户户大年初一都会包饺子，然后全家人围坐在一起，有说有笑、热热闹闹地吃顿热气腾腾的饺子。我家也不例外，大年初一一早，全家人就开始动手包饺子了，爷爷负责擀皮儿，爸爸负责调饺子馅儿，奶奶和妈妈负责包。我家的饺子是韭菜虾仁肉馅儿的，那馅儿的香味，满屋子都是。

看着大家热火朝天地忙碌着，我也忍不住加入包饺子的行列，刚开始，饺子皮儿非常不听话，我手上的动作也很不协调，妈妈就一边给我做示范，一边告诉我要领，终于有点儿模样了。这时，奶奶说话了："我放花生了啊，看咱家今年谁的运气最好啊！"这可是我家的老传统，每年初一吃的饺子里，奶奶总会放几粒花生，吃到的人就会被认为这一年都非常有福气，也会有好运气。我心里暗想，真希望我能吃到花生。

等到中午，第一锅饺子终于煮好了，我夹起一个饺子，也顾不上烫，就赶紧放进嘴里，一个硬硬的东西，呀，是花生！真没想到我吃的头一个饺子里就有一粒花生，这可把我高兴坏了，大家都说我运气好。但是接下来吃的几个饺子里都没有花生，而爷爷和爸爸都陆续吃到了花生，后来奶奶和妈妈也吃到了花生，最后，我以吃到三粒花生成为全家吃到花生最多的人。大家都为我高兴，祝愿我新的一年学业有成。

把祝福包进饺子里，不仅为大年初一包饺子、吃饺子这一传统习俗增加了乐趣，更表达了人们新春的祝福和美好的愿望。

## 随堂练笔 事物描写

一个并不太大的半身雕像屹立在泸沽湖达祖小学寂静的校园里。整座雕像不到两米高，由石头雕刻而成，分为上下两部分，上半部分是李南阳先生的半身像，下半部分是一个方形的底座，底座上用汉语和东巴文两种文字写着"达祖小学创始人——李南阳"几个大字。李南阳先生的雕像表情慈祥，双眼凝视着达祖小学的校园，眼中充满了希望。这座雕像是为了纪念李南阳先生而建的。

李南阳先生是一位致力于爱心事业的无私老人。2000年，他舍弃了在台湾的事业，在这个偏僻、贫困的小山村里创办了达祖小学，用自己的积蓄帮助当地的儿童读书。临终前，他还在关心学校的建设，令人不禁满怀敬意。

望着这座雕像，李南阳先生教导学生的一幕幕在我脑海中回放，我心中有悲伤，更充满了敬佩，李南阳先生用他的行动，践行了他为达祖小学立下的校训——行胜于言。

 **借物喻人**

"咬定青山不放松，立根原在破岩中"，这是诗人郑燮眼中的竹子，竹子坚定地立在岩石缝中，无论风雨寒暑，坚定不移，矢志不渝，从来没有动摇过。然而，妈妈的一番话，却令我对竹子有了新的认识。

"柏源，你见过竹子吗？"上学的路上，妈妈问我。"当然了，咱们在公园就见过呀。""那你说说，竹子有什么品质？"妈妈问道。"嗯，坚定不移？"我不太确定地回答。妈妈微笑着告诉我："其实，竹子还有一个特点，那就是'出土有节、凌空虚心'。""这是什么意思呢？"我好奇地问。妈妈思索了一会儿，说道："竹子长出来的时候，会分竹节，而且不论竹子长多高，都是空心的，所以，你要学习竹子，做一个谦虚、有气节的人。"我似懂非懂地点了点头。

妈妈的话令我想了好久，也许，这就是竹子带给我的启示，我也要做一个具有"竹子精神"的人。

# 给姥姥的一封信

亲爱的姥姥：

　　您好！马上就是您70大寿了，您开心吗？

　　今天，老师让我们给身边的女性长辈写一封信，我第一个就想到了您。

　　姥姥，我想谢谢您！我是您一手带大的。听妈妈说，当我还在她肚子里的时候，是您每天开车接送她上下班。我出生以后，您更是无微不至地照顾我、陪伴我。记得有一次，我得了肺炎，正赶上妈妈在云南出差，是您在医院里照顾了我3天3夜，陪着我输液，晚上也不能休息。您还有一双巧手，总是给我做各种各样好吃的，让我的身体特别棒！

　　姥姥，我想谢谢您！您用自己的一言一行教会了我做人的道理。您教会我善良，邻居爷爷和奶奶相继得了癌症，他们的子女又因为工作忙不常回家，您就经常给他们送去可口的饭菜，帮助他们补充营养，楼上90多岁爷爷的餐桌上也经常有您为他送去的汤；您教会我节俭，您的袜子破了，您总也舍不得扔，缝了一次又一次，您做数独用的铅笔已经非常短了，您还在后面加一个笔帽，继续用；您教会我勤奋，您每天都记日记，不仅把家里重要的活动记下来，在电视、报纸上看到的好文章，您也会摘抄下来；您教会我心中要有他人，每一位亲朋好友的生日您都记得清清楚楚。您还教会了我宽容，教会了我坚强……还有什么样的教育，比得上您的言传身教呢？您的一举一动、一言一行，我都看在眼里、记在心上。

姥姥，我还想向您说声"对不起"。有时候，我会对您有些不耐烦，希望您可以原谅我。

最后，祝您身体健康，万事如意！愿您100岁的时候，我还能为您庆祝生日！

爱您的柏源

2019 年 3 月 4 日

# 为姥姥 70 大寿填词一曲

**祝您生日快乐**（原唱：由美）

祝您生日快乐，

又一年过去了，

最亲爱的姥姥，

今天 70 岁了。

祝您生日快乐，

言行皆是美德，

无怨无悔付出，

成就他人选择，

热心助人为乐，

笑对人生挫折。

总坚信每一份付出都值得，

对朋友真心实意的，

让家人享幸福生活，

每一分每一秒都在为此努力着。

这首歌简简单单的，

你来唱我们轻声和，

只想对您说，

祝您生日快乐。

**妈妈说** **学会爱和感恩，是教育最大的成功**

成功的标准各不相同，特别是在教育孩子方面。懂得爱和感恩的孩子，应该是在教育方面没有出现太大偏差的孩子。

我常想，我们到底要培养教育出什么样的孩子？建设祖国的栋梁之材，固然是。但是在成为"材"之前，首先应该成为一个健全的人，一个懂得感恩、心怀他人的人；一个心中有爱、阳光温暖的人；一个乐于分享、真诚善良的人；一个内心坚定、勇于担当的人。

品质方面的培养和教育，尤其需要父母先做好自己，我们怎样做，孩子怎样学，所以说，从一个孩子的身上可以看出父母的为人和家庭的教养。之前看到一句话，所谓情商高，就是让别人觉得舒服，这其实就是要学会为他人着想，顾忌他人的感受，从他人的愉悦中感受到快乐和满足。

柏源对家人特别是姥姥、姥爷的感情从他的多篇作文里可

见一斑。从小懂得关爱家人，长大也会善待自己和朋友。所以，心中有爱、懂得感恩的孩子,人生的幸福感一定不会差,先成"人"再成"材"，所获得的成功也一定是有温度、能持久的成功，这样的人生不孤单。

# 改写《舟过安仁》

## 舟过安仁

宋·杨万里

一叶渔船两小童,

收篙停棹坐船中。

怪生无语都张伞,

不是遮头是使风。

这是一个天高云淡的上午,在一条弯曲的小河上,一叶小舟从水天的尽头驶来。两个不到 10 岁的小孩儿坐在船上,"一二、一二",他们喊着口号,奋力地向前划着,哗哗的水声在他们耳边歌唱。

"哎呀,我不行了,没劲儿了!"其中一个小孩儿说道。"我也划不动了,这儿浪太急,咱们劲儿小,划起来太费力了。要

是能有爸爸画册上的大帆船就好了！""对，大帆船，咱们可以用妈妈让带的伞挂在船上当船帆！""这是个好主意！"说干就干，两个孩子收起船桨和撑船的竹竿，打开了伞。

不知情的我看到两个孩子在船上打伞，心中充满了好奇，这天既没有下雨，太阳光也没那么强，为什么这两个小孩儿要打伞呢？突然，我恍然大悟，原来他们不是为了遮头，是为了利用风力呀！但是，这么小的伞，怎么能推动船前行呢？我被这两个孩子逗笑了，同时，又赞叹他们的机智，他们是那么天真可爱，这就是充满情趣的童年生活，更是我们永远的童年。

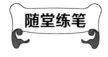 **观察发现**

在我们所生活的世界上，只要你细心观察，总能有一些令人想不到的发现，上学期的一次科学实验就让我有了新发现。记得那一天，科学老师给我们留了一项作业——水植绿豆并观察。这可难不倒我，一回家，我立刻准备好了所有材料，就差把绿豆放进水里了，真是"万事俱备，只欠东风"。我把同样多的绿豆分别放进了装有清水的两个小盒子，其中一个盒子裸露在空气中，另一个盒子用塑料袋封好，都放在有阳光的窗台上。

接下来的几天里，我每天都会认真地观察绿豆的生长情况。可以明显地看出，有塑料袋覆盖的一盒生长得更好一些，这是为什么呢？两盒绿豆的生长环境几乎是一模一样啊！要想弄明白这个问题，还要从一次我给绿豆换水说起。那次换水时，我发现塑料袋里面有许多小水珠。这是怎么回事呢？在放学回家的公交车上，我发现车窗的玻璃上也有小水珠，我顿时明白了，原来，塑料袋里的小水珠，可能是外面气温过低导致的，而塑料袋起到了保暖、保温的作用，塑料袋里湿度也更大，所以有塑料袋覆盖的一个盒子里的绿豆生长得更好。

这个发现虽然简单，但我依然很高兴，因为这是我自己思考的结果。我想世界上重大的发明、发现，也是靠这一点一滴的观察吧。

# 别让精神杀手扼杀我们的童年

## ——远离电子游戏

同学们：

　　大家好。今天，我演讲的主题是《别让精神杀手扼杀我们的童年——远离电子游戏》。

　　如今，众多的电子游戏上市，这的确给我们生活中的休闲时光增添了几分快乐。在每晚做完作业的时候，许多小朋友便通过打游戏来进行放松，但是，沉迷于电子游戏真的好吗？

　　"沈阳某学校学生放学后便来到网吧打游戏，而且一打就是十几个小时，第二天当工作人员找他收钱时，才发现这个学生已经猝死了！"这样的新闻难道还少吗？电视里、手机上时不时就会看到这类消息，令人痛心、令人惋惜。

　　打游戏不是不可以，借助游戏适当放松也完全没有问题，但我们一定要有自控力。妈妈曾经告诉过我："打游戏就像吸毒一样，一旦深陷其中，就很难自拔。"是的，打游戏不仅伤害了我们的眼睛，使很多同学早早地就戴上了眼镜，更重要的是，打游戏还伤害我们的身心，甚至改变了许多同学的性格，它就像一张无形的网罩住了我们的心灵。

我认识一个小弟弟，他刚上小学就被游戏这个魔鬼"抓"住了，每天一放学就玩游戏，还时不时地说一些游戏中的词语，常常让人摸不着头脑，学习成绩也很不好。相反，从小到大，妈妈一直不让我玩电子游戏。起先，我很听话，连看都不看一眼。但后来，当我看到其他同学都在玩的时候，我也忍不住去央求妈妈，可是妈妈说："将来等你长大了，总会有更新、更好玩的游戏，可你浪费的时间却再也找不回来了。"等我又大了一些，上了五年级，同学们经常在课间的时候讨论电子游戏，"你昨天装备升级了吗？""当然升级了，我还捡了一个98K呢！"每当遇到这样的对话，我总是一句也插不上，总觉得跟同学玩不到一起。妈妈又告诉我，"游戏并不是和同学交流的唯一话题，你可以找一些大家感兴趣的其他话题，一定不要为了迎合别人而放弃做对的事。"于是，我便去和同学们一起下棋、打球，玩得也是不亦乐乎。

同学们，其实当我们放下电子游戏的时候，就可以做很多既有意思，又有意义的事情。不玩"绝地求生"，却可以在家里和爸爸、妈妈玩软弹枪；不玩"NBA LIFE"，却享受着学校篮球场上的每一次拼搏；不玩"真三国无双"，却认真地做《三国演义》的读书笔记，一开口就是一个精彩绝伦的三国故事……

　　同学们，让我们一起远离电子游戏，重新感受不虚幻的美好生活。别让精神杀手扼杀了我们的童年！

　　　　　　　　　　　　　　　　　　　　谢谢大家！

　　　　　　　　　　　　　　　　　　　　2019 年 4 月 2 日

## 妈妈说　关于原生网民的引导

　　第一次看到柏源的这篇作文，内心真的挺感动、挺欣慰的，也有那么一点点骄傲。今天，互联网的开放性，让孩子的娱乐好奇心理得以满足，呈现出的网民低龄化趋势越来越让人担忧。

　　当然，让孩子与互联网完全隔绝，我并不想也不可能，因为就当下的现实而言，隔绝了互联网，就等于隔绝了这个社会，隔绝了这个时代。这一代的孩子绝对算是互联网时代的原生网民，还没出生就躺在妈妈肚子里，"看着"妈妈在网上查阅各种优生优育的资料、采购世界各地物美价廉的母婴用品、接受各种胎教熏陶。对他们来说，电脑、平板、智能手机就像普通的家用电器一样平常，还有新媒体平台，不少父母为了记录孩子的成长成了兼职自媒体人，就连小朋友自己开公号都不算新奇的事。

　　还有最不可控的一点，就是孩子周围的环境，就算在家里创造了真空，那么到学校之后呢？周围环境的影响呢？不知道大家有没有遇到类似的情况，孩子偶尔冒出的各种网络流行语，让你觉得你所做出的努力前功尽弃。所以，不要企图让孩子"与网隔绝"，孩子对网络的接触从一开始就是不可避免的。

在我看来，家长越早进行引导，越能占据主动。我很早就告诉过柏源，不能打游戏，这是底线，没有理由，长大了自然会明白。因为相比"好玩儿"这个切身感受，父母的任何理由都显得苍白无力，所以，没有理由，就是底线，不可逾越。

再说智能手机，就目前而言，不是必需品，并不是对孩子不信任，而是对科学的认同，小学阶段孩子的自控能力有限，这是科学研究的结论。但是，考虑到线上学习及与老师、同学沟通交流的需要，可以用家长的手机号在平板上使用微信，这就是我目前的做法，孩子是基本认同的。

当然，柏源有时也会表达希望有一部手机的愿望，但是，第一，我不同意用学习成绩作为交换，什么时候可以用手机绝不取决于成绩，不是考试成绩达到某一标准就可以用手机，而是取决于孩子能否管理好自己，我常跟柏源说，自律给你自由；第二，我希望能坚持多久就坚持多久，因为智能手机对柏源这个年龄的孩子而言，我认为是弊大于利的，那无异于一部游戏机，一个社交平台，一个分散精力的巨大诱惑，所以，不知道能坚持到什么时候，但我会尽量坚持，同时，我也不顽固。

# 人狼共舞天地间

## ——改编自电影《重返狼群》

"草原深处的小木屋里，我又冷又饿，突然听到撞门的声音，我拖着生病的身体打开门，看到的是两只野兔和远处一瘸一拐的格雷……，那一刻，我的眼泪唰地掉了下来。"

和一匹小狼同住在一个小区，那该有多么可怕呀，可我却被人与狼之间真挚的情感深深打动了。住在1101房间的邻居是一对酷爱旅行的夫妇，格雷就是他们在草原里救下的一匹小狼。那时，小狼刚出生，非常虚弱，善良的邻居夫妇只好把它带回城市喂养。起初，小区里的人并不知道它是狼，因为它小时候的样子很像狗，可是随着格雷逐渐长大，凶猛的本性显露了出来，每到半夜，1101房间里还会传出"嗷呜……"的嚎叫声，虽然声音不大，但小区的人们还是发现，原来有一匹狼在他们身边，那种恐惧可想而知。

直到去年夏天，格雷满 3 岁了，个头也已经很大了，邻居夫妇带着格雷出去旅行，一去就是 3 个多月。当他们回来的时候，却只有邻居夫妇，而不见格雷，晚上再也听不到格雷的"歌声"了，邻居夫妇也一改往日热情的性格，变得很少说话。大家都以为是格雷走丢了，可是也不见邻居夫妇去寻找。有一次，我忍不住询问了邻居阿姨："阿姨，那匹小狼呢？它怎么没有一起回来？""哎，谢谢你还记得它，我们把它留在草原了。""你们是去把它放回大自然了吗？""是的，尽管我们舍不得它，但它得学会在草原生存，并回归狼群，那才是真正属于它的生活。"正如开头说的那样，邻居阿姨还给我讲述了格雷给她送野兔的故事。这 3 个月，邻居夫妇训练格雷在草原捕猎的技能，陪伴它逐步适应草原的生活，并帮助它寻找狼群。直到有一天晚上，格雷的嚎叫声引来了一群狼的回应，格雷终于找到了它的同伴，可第二天清晨，格雷又出现在小木屋附近。这样的分离经历了七八次，他们彼此依依不舍。终于，从某一天清晨开始，格雷再也没有回来。

　　看到这里，我的眼泪不由自主地流下来。邻居夫妇当初救下格雷，是出于善良，而让格雷重返狼群，更是对生命的尊重，对格雷的尊重。在城市里，对人类来说，也许狼是危险的，可是对狼来说，又何尝不是充满了恐惧呢？！真希望有那么一天，众生平等，人狼共舞天地间！

# 他，不向命运低头

"你们放心，我一会儿就出来了！"3年前，姥爷不幸患了肺癌，这是他进手术室时说的一句话。此时的姥爷已经60多岁了，只见他穿着一件宽大的病号服，脸上布满皱纹，看起来甚是憔悴。但他就是这样一个既坚强又乐观的人，明明自己患了重病，却反过来安慰我们大家，他还坚持不让医生推他进手术室，一定要自己走进去。

闯过手术这一关之后，姥爷又经历了5次化疗，住了5个多月的医院。尽管手术的伤口有十几厘米长，尽管化疗非常痛苦，可无论什么时候去看望姥爷，他都是笑呵呵的。我们都急得火烧眉毛的时候，他却看着一点儿都不着急，只见他慢慢地端着一杯热水，送到嘴边喝了一大口，然后不紧不慢地说，"癌症并不可怕，现代医学这么发达，只要我们勇敢面对，就一定能战胜它！"他的坚强和乐观，感染了周围的许多人，无论是医生、护士，还是隔壁的病友，都成了姥爷的朋友。不知道是不是姥爷的顽强战胜了癌细胞，他的身体竟然慢慢恢复了健康。

出院以后，姥爷开启了全新的生活，仿佛忘记了自己是一位癌症病人。姥爷先是带着姥姥畅游北京，玉渊潭、陶然亭、北海、颐和园……，到处都有他们的身影。后来，姥爷又开车带着姥姥自驾游，塞罕坝林场、古城西安，还有革命圣地延安，都留下了他们的足迹。姥爷还经常陪姥姥买菜、做饭，做些力所能及的家务，有时还主动承担起接我放学的任务。

"柏源，我 get 新技能啦！"有一天，在接我放学回家的路上，姥爷兴高采烈地对我说。"什么新技能呀？""保密，回家你就知道了。"一进家门，姥爷就把我拉到电脑前，"快看，我自己做的视频！"原来是姥爷自己学会了做视频。从此以后，每到一处游玩，姥爷都会拍一些照片和小视频，回家以后自己剪辑，做成一个纪念短片，有时还我参加户外活动的照片做成视频。就这样，姥爷一发不可收拾，许多看到他作品的朋友，都请他帮忙做视频，姥爷也仿佛找到了新的乐趣。

这就是我的姥爷，一个坚强又乐观的人，一个永远不向命运低头的人！

# 关于"漫天飞絮"的研究报告

## 一、问题的提出

转眼已经是 5 月份了，到处春意盎然，到户外活动的人也多了起来。可是，我发现公园里很多散步和慢跑的人都戴着口罩，而且，最近这段时间，我还发现班里有好几个同学出现了过敏的症状。这到底是怎么回事儿呢？妈妈的一句话提醒了我，她说到处都是柳絮，好多人都不得不戴上了口罩，要是能有什么办法让柳絮不飘就好了。于是，我就上网查找了资料，还对班里的同学做了一次问卷调查，终于发现了近期很多人戴口罩和同学们过敏的原因，原来都跟"漫天飞絮"有关。

## 二、调查方法

1. 上网查阅飘絮的季节、原因、危害；

2. 统计本班同学对飘絮的态度及应对的办法；

3. 跟家人探讨如何度过"漫天飞絮"的季节。

## 三、调查情况和资料整理

| 信息渠道 | 涉及方面 | 具体内容 |
|---|---|---|
| 上网查阅 | 飘絮的季节及原因 | 春末夏初，柳絮、杨絮漫天飞舞，这是在传播种子 |
|  | 飘絮的主要危害 | 1. 容易引起过敏、呼吸道疾病，容易传播病菌；<br>2. 污染环境，不好清扫；<br>3. 易燃，容易引发火灾；<br>4. 遮挡视线，容易引起交通事故 |
| 对同学的调查统计 | 对飘絮的态度 | 绝大多数同学都不喜欢飘得到处都是的柳絮、杨絮，只有极个别同学认为非常浪漫，像下雪一样 |
|  | 应对的措施 | 同学们都认为飘柳絮、杨絮的时候，应该出门戴口罩、多漱口、勤洗手，注意卫生，提高免疫力 |
| 访问家人 | 减少飘絮的办法 | 短期内可以通过人工降雨或喷淋的方式，减少柳絮、杨絮；长期来看，可以更换树种或者研制新的品种进行嫁接 |

## 四、结论

1.经过调查研究，我知道了飘飞的柳絮、杨絮对人们的身体健康和日常生活都有一定的危害，主要有以下 6 个方面：

（1）容易引起过敏；

（2）容易导致呼吸道疾病；

（3）容易传播病菌；

（4）污染环境，不容易清扫；

（5）易燃，容易引发火灾；

（6）遮挡视线，容易造成交通事故。

2.在"漫天飞絮"的季节，给同学们几点小建议：

（1）出门戴口罩；

（2）多漱口、勤洗手；

（3）适当补充维生素，增强抵抗力；

（4）一般来说，中午飘絮最严重，应尽量减少中午外出活动。

# 一位带来温暖的陌生人

"妈妈，这可这么办呀？！能打印的地方几乎都关门了！"

由于我第二天要带着关于柳絮的调查问卷去学校请同学们帮忙调查填写，所以，需要找到一个能打印的地方。妈妈看了看手表，已经是晚上九点四十分了，天空早已披上了一件深黑色的外套，街上几盏路灯在孤独地闪烁着，一阵风吹过，树叶沙沙作响，使人不由得缩了缩脖子。妈妈开车带着我在街上寻找，我的眼睛就像雷达扫视一般，目不转睛地观察着窗外，手心里冒着汗，我们转了几条街，可是除了一些小吃店，街边几乎所有的店铺都关门了。突然，我的目光落在了还亮着灯的"链家地产"上。尽管有许多不确定因素，但我和妈妈还是决定试一试。

我们怀着忐忑的心情，推开了链家地产的大门，一位叔叔正坐在电脑前工作，他娴熟地敲击着键盘，时不时点击着鼠标，甚是忙碌。看到我们进来，他马上站起来，礼貌地问："您好！

请问有什么可以帮您？"只见这位叔叔身穿一件洁白的衬衫，打着一条黑色的领带，胸前还挂着一个工作牌，十分干净利落。"嗯，叔叔，您好！请问您这儿能打印吗？""没问题，我们链家有免费打印服务，把需要打印的材料电子版给我吧！"叔叔十分热情，我和妈妈终于松了一口气。"不好意思，电子版在微信里。"妈妈说道。"没问题，我帮您登录电脑微信，导出来就行了。"这位叔叔又耐心地帮妈妈登录电脑微信。"您需要打印多少份呢？""嗯，我们需要的可能有点儿多，大概，大概要打印 10 份，我们付您钱，可以吗？"妈妈一边看我，一边不好意思地回答。"没事儿，不用付钱，给您打印 15 份，够不够？"叔叔的慷慨让我和妈妈又惊又喜，连声道谢。不一会儿，打印机里就传来了"唰唰"的声音，叔叔走过去，取出打印好的问卷，小心翼翼地在桌上磕了磕，对整齐，然后拿出一个曲别针别好，又从柜子里取出一个大信封，把问卷装好、封好，然后用双手交给了妈妈。"您看行吗？够不够？""谢谢谢谢，够了够了，可帮了我们大忙了！"我和妈妈都有点儿激动。"没事儿，下次有需要再来！"叔叔冲我笑了笑，送我们出门后，他又回到了电脑前……

回家的路上，我一直捧着信封，心中涌上一股暖流，我和这位叔叔素不相识，在我遇到困难的时候，他却热情地帮助了我。今晚，他带给我的温暖，我想我会一直记得。

# 穿过下水道的人

一个寂静的午后,不时吹过几丝和煦的微风,树叶沙沙地响,听起来像一首动人的歌,太阳高高地挂在蓝幕上,照在人的心里,十分惬意。

与此同时,在某顶尖大学的化学实验室里却是另一番景象,只听见脚步声和水流声,让人情不自禁地感到压抑。实验室的正中央,站着大学的终身名誉老教授——丁文博士。只见他穿着一身白大褂,因劳累头发已有一丝苍白,戴着一副圆眼镜,看起来经验丰富、学识渊博的样子。他手里拿着量杯,站在水池旁,看着杯中的水一点一点流入水池,然后消失。他紧锁着眉头,表情严肃,仿佛遇到了难题,在思索着什么。

"丁博士,麻烦让一下,我想接点儿水。"

"哦,我来帮你。"说着,丁文博士小心地拧开水龙头,可就在他拧开水龙头的一瞬间,突然感觉呼吸困难,四肢完全没了力气，身体像皮筋一样被使劲拉扯着，又像压缩饼干一样被不停挤压着。只见他的表情异常痛苦，嘴张着，好似要喊些什么，却发不出声音来。"嗖"的一声，他身体一晃，散出一阵白烟便消失了，无影无踪。

"丁博士？丁博士？"

……没人回答。所有人都僵住了，就像雕像一样，都觉得该做点儿什么，说些什么，却四肢麻木，动弹不了。空气静止了两分钟，他们才仿佛醒过神来，想到了报警。可是，警察也束手无策，因为这样的案例从未发生过。

丁文博士的家人都急坏了。正在这时，一辆卡车开进了小区，停在了他们家门口，车身上写着"下水道专业清理"的字样，丁文博士居然走下了车，浑身湿漉漉的，还缠了些水草，踉踉跄跄地进了家门。

"老丁，你可算回来了，你没事吧！"

"爸，您到底去哪儿了，我们都吓坏了。"丁文博士的家人们见他平安无事地回来了，都相继问候。

"当时我也不知怎么了，一瞬间就被吸进了下水道。我浮在水上，顺着一个大瀑布漂了下去，瀑布下面有许多海洋动物，我惊讶地叫出了声，一股水涌进了我的嘴里，咳咳咳！我鼻子一呛，咳了好几声，就在我要窒息下沉的时候，一只全身浅灰的海豚从水中一跃而起，把我托离了水面，我安全地骑到了它的背上，它的皮肤摸上去很有质感，像磨砂屏一样。我就这样随着它一会儿进入水中，一会儿又浮出水面，直到跟它回到了它的家，回到了它的朋友身边。只见一只黑白相间的海豚被鱼叉叉中，背上流着鲜红的血，可它却全然不顾这些，还不停地把小鱼喂给它身边的另一位朋友，这是一只误食了石油和塑料袋的海豚，它仰着肚子，靠在珊瑚上奄奄一息。救我的海豚流出了眼泪，是的，它哭了，我也忍不住哭了……就在这时，一只大网子把我捞出了水面，就是那些刚才把我送回来的清理下水道的人……"

丁文博士的儿子听了，说："爸，您没发烧吧，我给您量个体温？"

"小丁，爸是不是疯了？"丁文博士的儿媳妇也惊讶地问道。

没有人相信丁文博士，就连他的好朋友王所长听了也不禁哈哈大笑："老丁，你疯了吧？是不是幻觉？哈哈哈！别逗了。"

"不，我没疯，我说的是真的。"丁文博士依然坚持着，虽然没有一个人信，但他亲眼见到的那一幕却像钉子一样深深地插在他的心里。

从此以后，丁文博士整个人都变了，他经常痴痴地望着一本海洋动物图册发呆，还时常对着图册中的一只海豚自言自语："老兄，你还好吧？你的朋友们都还在吧？"说着，两颗泪珠落在图册上。

丁零零！"您好，这里是市公安局，请问有什么事？""啊！今天早上，我儿子去……去刷牙，结果，他'嗖'一下就消失了，水龙头还开着……"

# 片语留白

## ——未来的路还很长

 **战场穿越**

远处，黄沙漫天，一匹匹战马飞驰着，一名名将士呐喊着，这就是我穿越到的时代——匈奴入侵的战场。我骑着战马，舞动长刀，一支箭从我身边飞过，又一个战士以身殉国了，我能做的，就是奋勇向前，冰冷的刀在舞动着，战场上的枯草被鲜血染红。突然，一把刀刺进了我的胸膛，那刀光里闪着狰狞的笑脸。我倒在地上，一阵阵地冲锋，一股股的鲜血，这是想象中的战场？——雄姿英发，军旗高展，大喊冲锋，不，我看见了，我感受到了，真正的战场是冰冷的，是残酷的，是狰狞的……我回到了现在，窗外艳阳高照，新闻里还报道着叙利亚的战争，但，只有我和那些为国捐躯的将士们才真正明白战争的意义。窗外的和平告诉我，永远不要有战争。

 **当我变成"我"**

我是一个普通的人，一个再普通不过的人，混在人海里就像不存在一样。就算这样，我依然有一个梦，那就是成为总统。

从一个小职员到总统，这简直是痴心妄想，多么荒唐，就像一夜暴富的梦想，是那么遥远、那么不可思议，但我依然日思夜想。也许是上天被打动了，在一个黄昏，街上车水马龙、人头攒动，我这个小职员耷拉着脑袋，夹着装满文件的公文包走在路上。"小伙子，你怎么了，工作不顺利吗？"一个身着黑衣的老人站在我的面前问。"你是谁，为什么管我？"我不耐烦地答道。"我看你是想当总统都想疯了吧？""你怎么知道？！"我一脸惊讶。"别急，有梦想就是最美的，加油吧，老弟！"话音未落，黑衣老人就消失在暮色中。

第二天，清晨的第一缕阳光照在我的脸上，一阵小心翼翼的敲门声传入我的耳朵，"总统先生，您的起床时间到了。"我跳下床，顾不上看一眼这无比陌生却无比豪华的卧室，打开房门一看，一位身着西服的先生彬彬有礼，手里的托盘上放着漱口水和热腾腾的毛巾。"早安，总统先生！您还有 5 分钟就要出发了！"就这样，我莫名其妙地被一群人簇拥着上了车，来到了办公室的楼下。我一只脚刚要踏出车门，就被无数记者的闪光灯晃得睁不开眼睛。"总统先生，祝贺您当选新一届总统，您有什么要说的吗？"我这才稍微反应过来一点儿，原来我的梦想真的实现了！

天呐，这办公室也太大了吧？还没等我仔细看一眼，秘书就抱着一大堆文件请我处理，其中还有好几份是特急件。可是还没等我看一眼，电话铃响了，是外交部来报告贸易战的进展情况，刚放下电话，视频电视又传来信号，是实战演习指挥部直播演习情况。终于能看看文件了，我忽然想起自己连早饭还没吃呢。"总统先生，您该出发了，A 国总统今天来访，您要主持欢迎仪式。"……就这样，我一刻也停不下来，根本顾不上吃饭，甚至连上厕所都顾不上，一天下来，听到最多的就是"总统先生""总统先生""总统先生"……

这难道就是我梦寐以求的生活吗？不，简直是太崩溃了，我再也不要当总统了，我心想。这时，那个黑衣老人又出现在了我的面前，"年轻人，你后悔了吗？""神仙，我知道您是神仙，我后悔了，我特别后悔，我再也不想当什么总统了，求您把我变回去吧。"老人微微一笑："记住，做什么，都不如做自己！"

 **续写《小猫种鱼》**

农民把玉米种到地里，到了秋天，收获了很多玉米。农民把花生种到地里，到了秋天，收获了很多花生。小猫看见了，把小鱼种到地里。它想收获很多小鱼呢！

整个春天，小猫都在菜园里忙活。每天5点不到，当所有人都还在梦中的时候，连太阳都还没醒的时候，小猫就摸着黑起床了。他先去查看鱼"种子"的情况，再看看大棚有没有被风吹倒，然后小心翼翼地拎着水桶给鱼"种子"浇水。"小鱼啊小鱼，你们快点儿长吧！长出好多好多小鱼！"小猫坐在台阶上，看着旁边那片种满小鱼的地，心里充满希望地想着。

时间很快就过去了，秋天渐渐走了过来。那天早上，小猫比平常起得还要早，天上的星星还没回家，他拿着手电，不顾早晨的那丝丝凉意，连外套都没顾上穿就冲出了家门。菜园里还是那么静，好像什么也没有发生。小猫找遍了整个菜园，却发现别说种出好多鱼了，就连鱼"种子"也不见了！冷风吹进了他的心房。

随着天边渐渐泛白，失望到极点的小猫转身准备回屋，突然，他被眼前的场景惊呆了，鱼儿们顺着一条藤蔓爬上了屋顶，挂在了窗户上、烟囱上、大槐树上……，到处都是，他们纵横交错却又整齐划一，有大马哈鱼、鲈鱼、鲫鱼、鲤鱼……，有金黄色的、朱砂色的、天蓝色的、黑白相间的……，别提有多漂亮了。鱼儿们散发出一种诱人的香味，是清蒸味儿，还是烧烤味儿……，都吹进了小猫的鼻子，都是小猫梦寐以求的气味！随着一阵风吹来，鱼儿们还发出沙沙的响声。小猫惊呆了，嘴巴张得大大的，看了半天不知不觉口水都流了出来。他迫不及待地抓了一条鱼，那鱼摸起来很顺滑，还有些黏黏的，流出彩色的鱼汁，这些鱼汁一流到地上，就又长出了一条活蹦乱跳的鱼，小猫"啊呜"一口把鱼塞进嘴里，嗯，这条鱼是烤羊腿味儿的，真香啊！他刚想再吃地上新长出来的那条鱼，那条鱼却叫了起来："别吃我，别吃我，我还有用呢！"小猫虽然没明白是怎么回事儿，却赶紧放了手。

终于有了这么多鱼，小猫高兴坏了，请了所有的朋友来家里做客。就这样，每天他的鱼都会长出来好多，直到有一天，当小猫要出门的时候，却发现门打不开了，他从窗户向外一看，鱼鳞差点儿晃得他睁不开眼睛，原来鱼已经多得挤满了整个院子。这可怎么办呀，小猫又发愁鱼太多了！真是没有鱼的时候，盼着鱼，有了鱼，又怕鱼太多了。突然有一天，山里发了洪水，村里的其他小动物和他们的房子都被洪水淹没了，只有小猫和他的房子被成千上万条鱼托起来，顺着洪水漂着，消失在了水天相接的远方……

 **一条上钩的鱼**

一条不幸的鱼上钩了，

在沉重的浪花中，

垂死挣扎。


所有顺水游过的鱼，

都发出了叹息，

或表达了怜悯。


贪吃的射水鱼说：

"小心！你的嘴受伤了，

以后就没法吃小鱼小虾了。"

深沉的螃蟹说：

"安心！你就安心吧！

你已历经了世间的风雨沧桑。"

年迈的海龟说：

"悲痛！真是悲痛万分，

你的事迹和贡献，我们将永远瞻仰。"

最后一分钟，

水里的同伴们都游走了，

他们都尽到了最后的义务。

留下了怜悯，

留下了安慰，

虽然忘记了帮这条鱼摆脱那该死的鱼钩。

（仿写顾城的《一只船累了》）

 **奇异赫拉利斯星球上的外星人**

它们的长相和人类截然不同，它们没有脸却功能俱全。它们没有眼睛，唯一能感光的东西是它们的两个触角；唯一的发

154

声方式就是借助尾巴拍打地面发出奇怪的声响；它们似有"腿"又无"腿"，因为它们竟可以变成水，或者其他任何东西，如可乐瓶、卷纸，甚至突然分裂成几千块，然后被风吹走。所以，它们没有固定的外形，就像一团能随意变形的泥。

它们从不呼吸，如果它们其中一个呼吸，其他同类就会将它杀掉。它们喜欢战争，杀死对方并吃掉。它们也有武器，小到一粒刺穿对手的灰尘，大到一个星球甚至星系，它们用过木星、土星的光环反射太阳的光，袭击地球，导致地球上发生了一个遍布全球的爆炸。它们甚至有一次差点儿灭绝,因为一个"呆瓜"甩走了它们自己的星球。

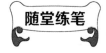 **一个吃布丁的人**

一个金黄的布丁被服务员端了上来。他用余光一瞧，原本紧缩的眉头顿时舒展开，嘴角轻轻地似月牙般向上一翘，双手接了过来。

这个布丁看起来十分美味，金黄的汁慢慢地落了下来，蔓延到盘子的每一个角落。他有些紧张，整张脸都扭在了一起但又迫不及待地想要尝试。他缓缓地抬起了手，犹豫地、轻轻地又快速地用筷子尖戳了一下布丁，Q弹的布丁微微一颤，他把筷子放在舌尖一点，那是一种无与伦比的味道，像夜里盛开的夜来香，又像刚刚成熟的蜜桃，沁人心脾。他眼睛一亮，拿起

餐刀，从布丁的中间切了下去，然后换上一把小叉子，轻轻地、小心翼翼地叉起一块，一点点地抬高，另一只手在下面托着送入口中，就在舌尖轻触那顺滑美味的一瞬间，他闭上眼睛，一副超级满足的样子，十分惬意。

### 随堂练笔　两棵椰子树的对话

"轰……""呜……"，一阵刺耳的发动机轰鸣声伴随着初生的朝阳，打破了沙滩的宁静，如同军营里的号角一般，叫醒了两棵正在做梦的椰子树。

虽然都是椰子树，他们却大不相同。一棵已经长得十分粗壮，挂满了硕大的果实，这是一棵年迈的、见过大世面的老树；而另一棵是还未完全长大的小树，也正因为年轻，他对一切新鲜的事物都充满了好奇，总想一探究竟。听到发动机的声音，他们揉着惺忪的睡眼，不约而同地朝远处的沙滩看去，一股烦躁的起床气油然而生。

那是一辆大型的沙滩车，满载着游客的沙滩车就像是小火星一样，一下子点燃了小树的好奇心。

"早上好啊，老先生！能向您请教一个问题吗？"小树礼貌地问。

"当然了，小杰克，你有什么困惑吗？"老先生答道。

"老先生，您看那些奇怪的人，他们竟然坐在那个大箱子里，在沙滩上毫不费力地移动，真是太懒了，对吧！"

"是的，没错！他们一二分组、三五成群、九十组团地来到沙滩，就像是大风刮来的。他们这些东西，如此弱小，却用一个坚硬的东西在我身上划出一道一道的，让我疼痛无比，真是可恶至极，可他们这是螳臂当车、不自量力，伤不了我分毫！"老先生皱着眉说。

"对，他们简直没有防御能力，还记得有一次，他们其中的一个被您自由落地的椰果击中，竟然晕了过去，真是不堪一击！哪像我们这般高大强壮！"小杰克应声答道。

"他们还总喜欢拿着一根黄白相间的小棍儿吹，吹出好多黑黑的雾，呛死人了，你见过吧？"

"对对对，可难闻了，他们还一副很惬意、很满足的样子，一个接一个地吹，真是难以理解！"

"你知道吗，他们还需要买衣服，不像我们，有坚硬的树皮；他们还需要买帽子，不像我们，天生就头顶绿色的大伞；他们还得买鞋，不像我们，我们的根能深入土里汲取养分！"

两棵树看着人类这群怪异的生物，一边耳语，一边指指点点，就像是高高在上、最有见识的皇帝。

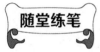 **续写《喜乐于我》**

望着汽车化成一个黑点，最后消失在夜色中。"呼，好险！"

我长长地嘘了一口气。

"马提，你怎么了？"也许我的心早已被喜乐勾走，浑然不觉妈妈已经站在了我的身后。

"哦，妈妈！我，我只是有些累了，也许是因为今天起得太早了。"我忙回答。妈妈皱了下眉头："好吧，那快去睡吧。"我依依不舍地回到房间，隐约感觉到了些什么。

第二天一早，太阳还未升起，家人也都还没起床，我却已毫无睡意，"也许是他们并没有发觉喜乐。"我放松了警惕，蹑手蹑脚地穿好衣服，然后借着一丝微光，向喜乐的新家走去。喜乐也还没有醒，它静静地趴在窝里，眼睛微闭着，趴在一些松软的草上，那是我给它铺的。我一颗悬着的心放下了些，轻轻地拍了拍它的头："睡吧，喜乐，多睡会儿。"我慢慢地走回了家，进门时，还不忘回头往山上看一眼，却丝毫没有察觉到他。

回到房间，一阵困意袭来，我又倒头睡了。"马提，该起床了！"我被妈妈叫醒，平时我都是自己起床的，可这一觉却睡得格外香。吃早饭的时候，我故意磨磨蹭蹭，吃得很慢，不停地和爸爸、妈妈聊天，直到他们都不耐烦了，留下我一个人吃饭，慢慢地吃。今天的早饭有一点儿香肠，我只咬了一口，便假装不小心撞掉似的，把香肠弄进了口袋，顺带还拿了半个饼。也许是因为喜乐，我最近显得有些不太正常，今天早上，妈妈其实一直在观察我，我的小动作都被她看在眼里，妈妈突然出现在我面前，平时温和的妈妈显得有些严肃，就这样，我极不情愿地带着妈妈上了山。今天上山的小路平静得可怕……

还没走到窝边，我就发现喜乐一动不动地趴在那儿，眼睛虽然是睁着的，眼神里却充满了空洞和绝望，又像是希望和期待，望着远方……它浑身上下青一块紫一块，没有一块好地方，它的腿好像断了，仿佛风中摇摇欲坠的树枝，挂在窝边，它的脖颈上有明显被击打的痕迹。我想哭，很想哭，却突然眼前一黑，一头栽了下去。"儿子，马提，你怎么了！"

这一觉睡了很长时间，我努力抬了抬眼皮，发现自己躺在医院的病床上，墙上的电视里出现了贾德的身影，"今天清晨，我镇居民贾德用木棍击打马提家的狗，被巡警发现，已追捕归案，将以故意伤害动物罪提起诉讼……"

感觉有什么东西在舔我的脸，凉凉的，是喜乐，我们家的喜乐！它身上的伤已经处理过了，受伤的腿也已经包扎好了，眼睛里有了光……

 **电影《一个都不能少》魏老师吃剩饭的片段描写**

她看见人都离开了，便飞快地跑到餐桌前，此时的她已经几天没有吃东西了，再加上这几日的奔波，她觉得自己就像一

片轻飘飘的云。

在这个光线昏暗的小饭馆里，在这张杯盘凌乱的餐桌上，半碗吃剩的面条让她仿佛看见了救命稻草。她的脸涨得通红，双手快速地端起那剩了半碗面条的碗，但马上又放下，惊恐地向四周看了看，眼神中掠过一丝害羞和恐惧，见没有人注意到她，便再次端起碗，一阵面香扑鼻而来，她小心翼翼又大口大口地吃了起来，虽然碗中的面条已经被别人吃得只剩一半了，筷子也是别人用过的，她却毫不在意，也顾不得这些，这恐怕是她吃过的最香的面条了。

不一会儿半碗面条吃光了，她又抬起头，再次环视四周，发现还是没有人注意到她，她便双手捧起碗，将面汤往自己的嘴里倒，一股暖流进入胃里，还有一些汤汁顺着她的脖子流了下来，很快，面汤也被她喝了个精光。她放下碗，用袖子抹了抹嘴，然后猫着腰跑出了小店。可是没过一会儿，她又跑了回来，把桌上剩的小菜也倒进嘴里，肚子里稍微有了些果腹的感觉，这才又匆匆离去，下一顿饭还不知道在哪里。

### 妈妈说 越努力，越幸运

五年级下学期结束后的那个暑假，柏源很幸运地被北京市某中学录取，这个结果对我们全家来说真的是意外之喜。其实是否参加这次考试，我和源爸是提前征求了柏源的意见的，我

160

们并没有自作主张地给他报名，而是事先跟他沟通了我们所了解的关于这次考试的情况，以及如果参加这次考试可能会出现的结果。在柏源自己决定要参加之后，我们才帮他报了名，然后告诉他，"既然选择把握这次机会，就一定要尽全力，爸爸、妈妈在乎的并不是考试的结果，而是你为此付出的努力。"

说实话，我和源爸并没有对这次考试的结果抱太大的希望，毕竟竞争太过激烈，考不上也没关系，就当见见世面，积累一些考试经验吧。还记得柏源参加完复试，一出考场就兴奋地跟我和源爸说："这题'坑'真多，一不小心就会掉'坑'里。"听到这里，我和源爸相视一笑，能看出来有"坑"，知道躲着"坑"答题——看来真是积累了经验，锻炼了自己。没想到最后真的如愿以偿，我想这个结果对孩子来说，不仅可能改变他未来的成长轨迹，更重要的是帮助他增强了信心，也让他再次体会到付出努力换来收获的喜悦。越努力，越幸运，的确如此。

随着这段话的结束，这本小书也将告一段落。不知怎么，脑海中突然浮现出柏源第一天上小学的情景，一抬头，却发现分明是一位坚毅果敢的少年站在我的面前。回想陪伴孩子成长的过程，又何尝不是家长成长的过程呢？孩子要努力，家长要给力，无论是对孩子，还是对家长，成长都是一篇大文章，而要做好这篇文章，未来的路还很长……